HEEL Verlag GmbH
Gut Pottscheidt
53639 Königswinter
Tel.: 02223 9230-0
Fax: 02223 9230-13
E-Mail: info@heel-verlag.de
www.heel-verlag.de

Autor: Carsten Bothe
Satz und Gestaltung: Birgit Beyer, Köln www.grafikdesign-beyer.de
Coverdesign: Axel Mertens, HEEL Verlag GmbH
Projektleitung: Helge Wittkopp

Fotos: Sandra Then-Friedrich, Bonn www.then-fotografie.de
Mit Ausnahme von:
© Library of Congress, USA: S. 8
© Adobe Stock: Peter Hermes Furian (S. 4/5), T. Michel (S. 20/21), alexanderoberst (S. 30 o), lesniewski (S. 30/31 u.), Bergfee (S. 31), Annette (S. 32), fotoartis (S. 33 o), Robin (S. 33 u), Friedrich Hartl (S. 34 l), Photohunter (S. 34 M), stefan (S. 34 r), Sushi (S. 34/35 u), Wolfgang Kruck (S. 35 o), lilithdavinci (S. 36), lichtpinzel (S. 37), Piotr Krzeslak (S. 38 o), meranda (S. 38 M), Stefan Urmersbach (S. 38 u), Karin Jähne (S. 39), Konovalov Pavel (S. 45; S. 95; S. 138), la_puma (S. 46), frilled_dragon (S. 49; S. 60; S. 71; S. 72;), MicroOne (S. 50; S. 88), Nataliya Yakovleva (S. 54; S. 103), jan stopka (S. 63), Bokica (S. 67), DragonTiger8 (S. 75), airindizain (S. 79; S. 141), lapencia (S. 80; S. 87), KsanaGraphica (S. 84; 142), MicroOne (S. 88), Studio Ayutaka (S. 91; S. 99; S. 115; S. 120), agrino (S. 92; S. 104), Wiktoria Matynia (S. 107), VKA (S. 108), KsanaGraphica (S. 111), Marc (S. 115), Valeriya (S. 124), setory (S. 130), alekseyvanin (S. 134)
© gb-s Mediendesign: Hitzesymbole
© Carsten Bothe: S. 23

Dieses Buch und die darin enthaltenen Rezepte wurden nach bestem Wissen und Gewissen verfasst. Weder der Verlag noch der Autor tragen die Verantwortung für ungewollte Reaktionen oder Beeinträchtigungen, die aus der Verarbeitung der Zutaten entstehen.

Printed in Czech Republic
ISBN: 978-3-96664-296-5

Die Fotografin Sandra Then arbeitet in den Bereichen Portrait, Schauspiel und Oper, Reportage und Food.
Ihre Bilder sind international in Ausstellungen vertreten

Carsten Bothe

Wild im Dutch Oven

Heel

Inhaltsverzeichnis

Carsten Bothe
Sandra Then (Fotos)

Wild im Dutch Oven

Heel

Liebe Leser,

Wildfleisch gehört zu den natürlichsten und gesündesten Fleischsorten, die erworben werden können. Dabei stellt es eine seltene Delikatesse dar. Wenn man den jährlichen Verzehr in Deutschland betrachtet, isst jeder Deutsche pro Jahr gerade einmal 250 Gramm Wildbret aus heimischen Revieren und 200 Gramm importierte Ware. Statistisch wird von Nichtjägern das meiste Wildbret nicht selbst zubereitet, sondern der Großteil bei der Gemeinschaftsverpflegung in Kantinen und Mensen verzehrt. Etwa 25 % des erlegten Wildes wird von Jägern selbst gegessen. Wir haben hier offensichtlich zwei Gruppen: Die einen essen viel Wild und bereiten es auch selbst zu, weil sie beispielsweise selber Jäger sind und den überwiegenden Teil der Bevölkerung, der es in Kantinen und Restaurants zu einer besonderen Gelegenheit – beispielsweise in der Weihnachtszeit – verzehrt. Das ist nicht gerade ein Aushängeschild und wenig werbewirksam für dieses hochwertige, regionale und nachhaltig produzierte Lebensmittel. Der häufigste Grund, warum Wild nicht stärker in den heimischen Küchen vertreten ist, ist die Kombination aus vergleichsweise teurem Fleisch und der Sorge etwas bei der Zubereitung falsch zu machen. Hier soll das vorliegende Buch Abhilfe schaffen. Darüber hinaus soll es aber auch darum gehen, wie man günstig und regional an hochwertiges Wild herankommt und es mit einfachen Mitteln für die Küche vorbereiten kann. Aber natürlich sollen mit den erprobten Dutch-Oven-Rezepten auch Jäger angesprochen werden, denn diese verzehren ja das meiste Wild. Mit Hilfe eines Dutch Ovens lässt es sich auch hervorragend an der Jagdhütte mit wenig Aufwand zubereiten.

Ein Rezeptteil dieses Buches behandelt das komplette Verwerten des Tieres, denn auch in den weniger edlen Teilen steckt eine Menge Geschmack. Moderne Gerichte wie Pulled-Pork-Burger oder Burritos sind gerade etwas für Familien, die auch die Jugend an heimisches Wildfleisch heranführen möchten.

In diesem Sinne hoffe ich, dass beide Teile der Bevölkerung – nichtjagende Dutch-Oven-Köche und mit dem Dutch Oven nicht so vertraute Jäger – viele Inspirationen mitnehmen und das heimische Wildbret mehr in der Alltagsküche Einzug hält.

Herzlichst, Ihr

Die Ursprünge des Dutch Ovens

Rund um den Dutch Oven gibt es viele Mythen. Jenem berühmten gusseisernen Topf mit drei Beinen und einem Rand auf dem Deckel, der verhindert, dass Glut und Asche in den Topf fallen. Der Dutch Oven war ein Universalgerät zur Verpflegung der Pioniere, die den Westen Amerikas besiedelten, der Waldläufer und Pelzjäger, der Cowboys und Farmer. Das typische amerikanische Haus um 1850 bestand aus einem oder zwei Räumen, wobei an einer Giebelseite ein Kamin außen angebaut war. Dieser wurde zum Heizen und auch zum Kochen genutzt. Jeden Tag wurden dort für die Familie Brötchen gebacken und wenn das Land auch Wildbret hergab, dann wurde der magere Speisezettel mit einigen Kaninchen, Eichhörnchen oder auch Opossums oder Waschbären aufgebessert. In den Marschgebieten gab es reichlich Bisam, Nutria und Biber, ganz abgesehen von jeder Menge Enten, Gänsen und allerlei anderem Flugwild. In den USA ist Brunswick Stew besonders beliebt, ein traditioneller Eintopf der Südstaatenküche, deren fleischliche Grundlage traditionell einige Eichhörnchen bilden.

Dutch Oven wurden also in der Vergangenheit von jeder Menge Jägern, Trappern und Outdoorsmen benutzt, die aus wenig viel machen mussten. Geheizt wurde mit dem, was da war – von der Glut aus dem Lagerfeuer bis zu getrockneten Büffelfladen war alles dabei, was irgendwie heizen konnte.

Kennengelernt habe ich den Dutch Oven bei meinen Jagd- und Forschungsreisen nach Amerika und besonders auf den Trapper-Treffen lieben gelernt, bei denen ganz selbstverständlich darin gekocht wurde.

Welche Dutch-Oven-Größe brauche ich?

Als grobe Faustformel für die Wahl der Größe des Topfes gilt: Ein Liter Topfinhalt pro Person. Die Volumenangabe eines Topfes bezieht sich immer auf einen randvollen Dutch Oven, aber randvolle Töpfe sind in der Praxis nicht praktikabel. Auch ist ein Liter Suppe oder Gulasch pro Person eher unrealistisch, denn 0,7 Liter Erbsensuppe sind bereits eine Menge – selbst für hungrige Jäger nach der Jagd. Die meistverkaufte Dutch-Oven-Größe hat rund 9 Liter Inhalt und das ist für 8–9 Personen ausreichend. Aber diese Größe ist ebenfalls für eine vierköpfige Familie gut geeignet, denn da ein Dutch-Oven-Gericht meist etwas aufwendiger ist, sind die 8 Portionen so ausgelegt, dass man einmal davon isst und dann noch am nächsten Tag etwas aufwärmen kann – oder es kommen noch ein bis zwei Paare zum Essen und es gibt keine Reste. Mehr zur Mengenkalkulation finden Sie auf Seite 26 im Kapitel „Gedanken zur Speisenwahl und Kalkulation der Mengen".

Lodge	Petromax	Potjie
-	ft1 / 0,9 l	-
-	ft3 / 1,6 l	-
-	ft4,5 / 3,5 l	-
10" tief / 4,7 l	-	-
12" flach / 6,0 l	ft6 / 5,5 l	#2 / 6,0 l
12" tief / 7,9 l	ft9 / 7,5 l	# 3 / 7,8 l
14" tief / 10,0 l	ft12 / 10,8 l	# 4 / 9,3 l
-	ft18 / 16,1 l	# 8 / 18,5 l

Die Temperatursteuerung

Wenig Hitze	halber Ring
Mittlere Hitze	ganzer Ring
Starke Hitze	anderthalb Ring

Die Steuerung der Dutch-Oven-Temperatur kann zunächst abschreckend wirken und inzwischen gibt es sogar Smartphone-Apps, die die Anzahl der Kohlen oben und unten berechnen. Dabei ist es gar nicht kompliziert: Wasser wird nicht viel heißer als 100 °C und mehr als kochen kann es nicht, ganz gleich, wie viele Kohlen man zum Heizen darunterlegt. Außerdem sollten Sie bedenken, dass flüssige Speisen wie Gulasch oder Stew keine Oberhitze benötigen. Hier reicht es, dass Sie so viele Kohlen unter den Dutch Oven legen, bis Sie es ganz leise köcheln hören.

Für die Bedienung eines Dutch Ovens habe ich ein für jedes Modell einfach anzuwendendes System entwickelt, mit dem sich die Temperatur ganz leicht steuern lässt. Zunächst empfehle ich zum Befeuern die *Grillis* von Profagus, denn diese Briketts verbrennen in eineinhalb Stunden und geben dabei ihre komplette Energie ab. Hüten Sie sich vor Briketts, die den Hinweis „Long-Lasting“ tragen, denn diese geben die gleiche Energie in vier oder mehr Stunden ab, was dafür sorgt, dass der Topf zu wenig Hitze bekommt. Zwei Stunden bei 130 °C sind eben nicht dasselbe wie eine Stunde bei 260 °C – besonders dann nicht, wenn es darum geht, Gerichte zu überbacken oder eine Kruste zu erzeugen. Dieses System funktioniert also nur mit Briketts, die in eineinhalb Stunden komplett verbrennen und dabei gleichmäßig ihre Energie abgeben.

Nehmen Sie zunächst die noch nicht angezündeten Briketts und legen diese in einem engen Kranz innen an den Rand des Deckels und unter den Dutch Oven. Da der Boden schmaler ist, ergeben sich dort automatisch weniger Kohlen. Diese eng an eng geschichteten Kohlen ergeben eine **mittlere Hitze** im Dutch Oven. Entfernen Sie jede zweite Kohle und Sie erhalten **wenig Hitze**, und wenn Sie einen halben Ring dazulegen, haben Sie **starke Hitze** im Dutch Oven.

Das beschriebene Auslegen der Kohlen ist nur zum Zählen gedacht, wenn die Kohlen durchgeglüht sind, verteilen Sie diese gleichmäßig auf dem Deckel und unter dem Topf. Mit dieser Methode können Sie jeden Dutch Oven, gleich welcher Marke, mit drei unterschiedlichen Temperaturen betreiben. Zum Überbacken nehmen Sie die Kohlen von unten weg und legen sie mit auf den Deckel. Das Überbacken funktioniert am besten, wenn Sie so viele Kohlen auf den Deckel legen, wie dort in einer Schicht liegen können. Wenn Sie ein suppiges Gericht kochen, reicht unter dem Dutch Oven ein einfacher Kranz mit Kohlen locker aus, sobald es kocht, reicht auch ein halber Kranz. Achten Sie auf das leise Blubbern aus dem Topf, dann wissen Sie, dass das Gericht simmert – Oberhitze ist nicht notwendig.

Reinigung und Pflege eines Dutch Ovens

Ein Dutch Oven ist nicht „unkaputtbar", aber er ist auch nicht so empfindlich wie eine Eierschale. Ein Dutch Oven ist ein gusseiserner Topf und wird aus flüssigem Eisen (weit über 1.300 °C) in Sandformen gegossen, später aus der Form entfernt und mit Steinen oder Stahlkugeln in einer großen Trommel bearbeitet. Dann werden Gusskanäle und „Flattermänner" abgeschliffen. Die Töpfe sind jetzt grau und wurden früher so verkauft – diese Töpfe mussten eingebrannt werden. Heute werden sie schon im Werk von allen Seiten mit Öl besprüht und dann bei 450 °C in einen Wärmeofen gefahren. Dort verharzt das Öl und bildet mit dem Eisen eine rabenschwarze Oberfläche.

Diese Patina ist sehr robust und auf keinen Fall mit der Antihaft-Beschichtung einer Alu-Pfanne zu vergleichen. Die Antihaftbeschichtung ist empfindlich, besteht aus „Plastik" und sollte niemals ins Essen gelangen – auch wird sie von einem Metall-Pfannenwender schnell beschädigt. Gusseisen ist da eine ganz andere Liga. Sie können mit Messern oder allen anderen Metall-Gegenständen in dem Gusseisengeschirr kratzen, schneiden oder schaben, das macht dem Gusseisen und der Patina nichts aus. Da es sich aber um eingebranntes Öl handelt, kann die Patina durch Seife zerstört werden.

Zum Reinigen halten Sie den Topf einfach unter heißes, fließendes Wasser. Das Wasser spült das meiste Fett und die Essensreste weg. Sollte etwas angebrannt sein, dann wässern Sie den Dutch Oven für einige Stunden mit heißem Wasser und schrubben dann mit einem Edelstahlschwamm die Reste raus. Für die technisch Interessierten: Gusseisen ist deutlich härter als jede Messerklinge der Welt, Sie können den Dutch Oven also nicht innen zerkratzen.

Sobald der Dutch Oven sauber ist, geht es ans Konservieren. Gusseisen rostet so schnell wie wenige andere Metalle, besonders die Asche und Kohlereste auf dem Deckel entwickeln zusammen mit Wasser eine Säure, die einen fettfreien Deckel sehr schnell angreift. Sie sollten daher Topf und Deckel relativ zügig in einem Waschbecken mit heißem Wasser abbürsten. Das Wasser sollte so heiß sein, wie es geht – weit über 80 °C schadet nicht. Lassen Sie das Metall die Temperatur annehmen – ein ganz wichtiger Schritt. Zum Trocknen schütteln Sie die Topfteile etwas ab und trocknen mit einem Küchentuch nach. Jetzt sollte die gespeicherte Hitze dafür sorgen, dass die restliche Feuchtigkeit, besonders im Logo des Deckels, schnell verdampft und alles trocken wird. Sie sollten dabei schnell arbeiten und die Oberflächen zum Abschluss mit einer Dutch-Oven-Pflegepaste oder mit handelsüblichem Sonnenblumenöl einfetten. Durch die Wärme des Metalls geht das besonders gut und schnell.

Um den Dutch Oven zu lagern, sollten Sie entweder ein Küchentuch in den Dutch Oven legen, oder ein Küchentuch mehrfach falten und damit den Deckel etwas anheben. Beides sorgt dafür, dass sich keine Feuchtigkeit im Inneren niederschlägt und der Topf nicht rostet oder das Öl ranzig wird.

Das richtige Dutch-Oven-Zubehör

Deckelheber
Das wichtigste Utensil ist ein Deckelheber. Die einfachen Modelle, bei denen sich der Deckel an einem Haken mit Querstange von selbst festklemmt, sind gut. Die Profi-Deckelheber, bei denen Sie mit dem Zusammendrücken des Griffs den Deckel festklemmen können, sind noch besser. Damit können Sie den Deckel so weit drehen, dass Sie die Kohlen vollständig abschütteln können. Extrem kurze Deckelheber sind hingegen unbrauchbar, denn hier kommen Sie mit Ihrer Hand so dicht über die Kohlen, dass Sie sich die Finger verbrennen.

Kohlenzange
Wenn Sie den Dutch Oven mit Grillbriketts betreiben wollen, ist eine Kohlenzange aus Metall eine große Hilfe. Hiermit platzieren Sie die einzelnen glühenden Briketts sehr präzise. Die aus Blech gestanzten Modelle sind deutlich besser geeignet als die aus Draht gebogenen.

Einstichthermometer
Gerade als Neuling und bei einem gewissen Warenwert werden Sie sich oft fragen, wie weit das Fleisch schon gegart ist. Hierbei hilft Ihnen ein einfaches Einstichthermometer weiter. Kurz den Deckel geöffnet und das Thermometer in das Fleisch gestochen und schon sind Sie über die Kerntemperatur im Bilde.

Handschuhe
Um den Dutch Oven sicher handhaben zu können, sind hitzebeständige Handschuhe sehr hilfreich. Auch können Sie mit den Handschuhen den Deckel anheben und die Kohlen abschütten. Bitte beachten Sie, dass die Handschuhe stets groß genug gewählt werden sollten, sodass Sie diese schnell ausziehen können, falls die Hitze durchschlägt. Handschuhe sind ein Verbrauchsmaterial: Mit der Zeit schrumpft das Leder durch die Hitze und Feuchtigkeit und wird hart, sodass Sie die Finger kaum noch bewegen können. Spätestens dann sollten Sie diese wegwerfen und durch neue ersetzen.

Anzündkamin
Für das Kochen mit dem Dutch Oven, aber auch für das Grillen allgemein, ist der Anzündkamin die wichtigste Errungenschaft nach der Erfindung des Feuers. Sie schütten einfach die Briketts in den Anzündkamin und legen einen Grillanzünder darunter. Nach 20–40 Minuten ist der Inhalt durchgeglüht und Sie können starten – weitgehend ohne Rauch, Gestank und das lästige Wedeln oder Pusten.

Schlesinger
Mit einem Schlesinger, auch Teigkarte oder Topfschaber genannt, können Sie den Inhalt des Dutch Ovens fast vollständig entfernen. Besonders wichtig, wenn Sie den Topf leeren und dann auswaschen wollen.

Petromax
LAGERFEUER
CARSTEN BOTHE
KOCHSCHULE
Telefon:
(05067) 247 150
www.carstenbothe.de

Die ersten Schritte mit Ihrem Dutch Oven

Sie sind nun stolzer Besitzer eines nagelneuen Dutch Ovens – was nun? Lassen Sie es ruhig angehen, waschen Sie den Topf mit heißem Wasser aus, um die werksseitig angebrachte Wachsschicht und mögliche Produktionsrückstände zu entfernen. Dann können Sie auch schon loslegen, denn bei den rabenschwarzen Modellen ist ein Einbrennen nicht notwendig. Suchen Sie sich für den ersten Versuch ein einfaches Gericht aus, vorzugsweise eines, das Sie bereits in Ihrer Küche beherrschen. Ein Chili oder Gulasch, zu dem es nur Baguette gibt, ist meist vor der kalkulierten Zeit fertig und muss dann nur noch warmgehalten werden. So ein Gericht ist für den Anfang daher ideal geeignet. Bieten Sie Ihrer Familie am Anfang nicht zu viele und zu komplizierte Gerichte an. Ein ehrliches Gulasch mit richtig gutem Baguette oder französischem Landbrot vom Handwerksbäcker ist allemal besser als ein nicht richtig durchgegarter Braten mit zerkochtem Gemüse und zerfallenen Klößen.

Wichtig ist auch, dass Sie sich bei den ersten Versuchen nicht selbst unter Druck setzen und gleich zwölf Freunde zum Essen einladen. Kochen Sie zunächst im Kreise Ihrer Familie und wecken Sie keine zu hohen Erwartungen. Falls es nichts wird, dann gibt es eben Tiefkühlpizza für die Kinder; wenn es klappt, umso besser. Und wenn die angepeilte Zeit nicht ausreicht, und es länger dauert, dann essen Sie eben zwischendurch eine Scheibe Brot. Erst wenn das Rezept dreimal gut geklappt hat, sollten Sie Gäste einladen, denn niemand ist gerne ein Versuchs-Kaninchen.

Trotz Probekochen sollten Sie die Töpfe immer richtig auslasten, also sollten Sie in einem 9-Liter-Dutch-Oven nicht nur 1 Liter Chili zubereiten. Das wäre sparen am falschen Ende und schafft eher Probleme. Was übrigbleibt, frieren Sie in Portionen ein oder wärmen es am nächsten Tag noch einmal auf.

Der richtige Ablauf beim Kochen mit dem Dutch Oven ist extrem wichtig, denn das Anheizen der Grillbriketts dauert eine ganze Weile – zumindest länger als einen Gasgrill oder Elektroherd anzuschalten. Bevor Sie irgendetwas anderes machen, sorgen Sie für Ihren Brennstoff. Erst wenn der Anzündkamin brennt, sollten Sie sich um das Vorbereiten der Nahrungsmittel kümmern.
Ein Anzündkamin braucht etwa 20–40 Minuten, bis er richtig durchgeglüht ist, dann braucht ein kalter 9-Liter-Dutch-Oven nochmal wenigstens 20 Minuten, bis der Inhalt kocht. Die Kochzeit startet somit etwa eine Stunde später, nachdem Sie das Streichholz entzündet haben. Beginnen Sie also immer rechtzeitig, damit niemand hungrig auf das Essen warten muss. Warmhalten geht mit dem Dutch Oven ausgezeichnet – drei bis vier glühende Briketts unter den Topf und er bleibt 1½ Stunden warm.

Regionales Wildfleisch kaufen

Bevor ich die beiden Möglichkeiten Wild zu erwerben beschreibe, hier vorab einige Anmerkungen zu der Logistik der Wildverwertung.

Wild steht nicht im Stall und ist auch nicht so standardisiert wie die modernen Mastschweine, deren Fleisch man aus dem Supermarkt kennt. Es wird dezentral in ganz Deutschland erlegt, wobei die großen Jagden im September, Oktober, November und Dezember stattfinden. In dieser Zeit fällt ein Großteil der Strecke an und muss verarbeitet werden. Dann folgen vier Monate Schonzeit und danach die Jagd auf Rehwild.

Außerhalb der großen Jagden gibt es Wild eigentlich immer nur in geringen Stückzahlen und wird dann von den Jägern meist selbst verwertet. Im Sommer ist ein Wildschwein mit aufgebrochen 30 kg für einen Jäger einfacher zu verwerten als im Dezember eine Strecke von 30 Schwarzkitteln, die noch dazu teilweise mehrere Schüsse abbekommen haben. Und das zu einem Zeitpunkt, zu dem alle Jagden stattfinden und das Überangebot die Preise drückt.

Zäumen wir das Pferd mal von hinten auf: Wildbret ist meist erklärungsbedürftig und wird daher selten in Geschäften direkt an den Endverbraucher verkauft. Das meiste Wild wird in der Gastronomie oder in der Gemeinschaftsverpflegung verzehrt. Für diese Kanäle ist es dann bereits stark verarbeitet und in Großgebinden verpackt. Für den Endverbraucher besteht hier keine Einkaufsmöglichkeit.

Wo kann man nun als Nichtjäger gutes und sauberes Wildbret kaufen? Einmal in der örtlichen Metzgerei, die das Wild meist aus dem Großhandel bezieht, wie die anderen Handelswaren auch. Dann ist es aber sehr teuer und das erhöht die Hemmschwelle, es einmal auszuprobieren. Jeder „traut" sich einen Hamburger mal anders zu belegen, aber mit einem Rehrückenfilet für 70 Euro pro Kilogramm zu experimentieren ist für viele ein zu großes Risiko. Die andere Möglichkeit ist, einen Wildhändler zu besuchen. In der Saison bietet er zu akzeptablen Preisen frische Waren in ausreichender Anzahl und Auswahl an – wenn er selber zerlegt, was meist der Fall ist. Die Abschnitte, die für Bratenfleisch zu klein sind, werden dann meist zu leckerer Wildsalami oder zu Bratwürsten verarbeitet.

Die beste Methode ist natürlich gleich beim Jäger (das sind Privatpersonen, die an den Endverbraucher abgeben dürfen) oder direkt bei den Forstämtern zu kaufen. Einige geben nur ganze Stücke im Fell ab, dafür aber zu günstigen Preisen. Auf Wunsch nennen sie bestimmt gerne einen Metzger, der die Stücke für Sie zerlegen kann. Es hat meist rechtliche Gründe, warum ein Jäger das nicht selbst macht – der Aufwand an Infrastruktur und Bürokratie lohnt sich häufig nicht. Andere Jäger haben das Wild bereits grob zerlegt und verkaufen es küchenfertig vakuumiert. Fragen Sie dort auch nach tiefgefrorener Ware: Oftmals sind die Truhen voll, denn wenn Wild erst nach Weihnachten zur Strecke kommt, möchte es meist keiner mehr haben und es wird eingefroren, um es über das Jahr zu verkaufen oder im Sommer gesammelt Bratwurst daraus zu machen. Adressen von Forstämtern in der Nähe finden Sie im Internet, die Adressen von Jägern erhalten Sie, wenn Sie „Jägerschaft" und Ihren Heimatort eingeben.

Wenn Sie Tiere im Ganzen oder grob zerlegt kaufen, dann können Sie diese ohne Probleme selbst weiter zerlegen. Beim ersten Versuch wird es vielleicht zunächst nur leckeres Gulaschfleisch, aber das Ergebnis wird von Mal zu Mal besser.

TIPP

Je größer das einzelne Fleischstück und je dichter am Jäger gekauft, desto günstiger ist das Wildbret.

Allgemeine Anmerkungen zum Wildbret

Wildbret ist ein hochwertiges, nachhaltig und regional erzeugtes Lebensmittel, das leider immer noch mit vielen Vorurteilen zu kämpfen hat. Das hängt damit zusammen, dass viele, die es „nur mal probieren" möchten, in der Gastronomie zu günstigen Gerichten wie „Wildgulasch" greifen. Wenn es vom Großhändler geliefert wurde, handelt es sich nicht zwangsläufig um das beste Fleisch. Der starke Wildgeschmack bleibt in Erinnerung und der Gast glaubt fortan, dass Wild so schmecken muss, weil es ihm von einem Fachmann zubereitet wurde. Wenn der Erstkontakt mit Wildbret erst einmal schiefgegangen ist, wird es schwer, diese Menschen wieder für Wildbret zu begeistern. Hier ist es wie in vielen Bereichen des Lebens: Nur wenn man etwas Gutes hineingibt, kommt auch etwas Gutes heraus.

Bei der Wildbretgewinnung fängt Qualität bereits vor dem Schuss an. Tiere, die auf der Drückjagd über einige Kilometer vor den Schützen geflüchtet sind und dann mit einem schlechten Schuss erlegt werden, haben natürlich eine ganz andere Fleischqualität, als ein Stück, das auf dem Einzelansitz mit einem sauberen Schuss erlegt wird und quasi tot ist, bevor es auf der Erde aufschlägt. Bei Drückjagden kann es durchaus eine Stunde dauern, bis das Stück aufgebrochen wird, was bei schlechten Schüssen, die den Magen oder Darm zerstören, negative Auswirkungen auf den Geruch und Geschmack des Fleisches haben kann. Ein einzeln erlegtes Wildtier, das umgehend in der Wildkammer aufgebrochen und ausgespült wird, steht in der Keimbelastung und anderen Qualitätsmerkmalen konventionell geschlachteten „Haustieren" in nichts nach.

Das Wild kommt nach dem Aufbrechen und groben Säubern in eine Wildkühlung, wo es vor Fliegen geschützt ist und auf rund 7 °C heruntergekühlt wird. Dabei wird die kalte Luft durch einen Ventilator bewegt, sodass das Fleisch noch schneller auskühlt. Schnelligkeit ist hier wichtig, denn dann tritt auch die Totenstarre ein und das Fleisch beginnt zu reifen. Der pH-Wert im Fleisch sinkt ab, es wird etwas trockener und zarter. Die Totenstarre sollte nach ein bis zwei Tagen verschwunden sein. Fleisch, das noch nicht in der Totenstarre war und so eingefroren wird, ist nach dem Auftauen zäh.

TIPP

Beherzigen Sie immer den Rat: sehen, fühlen, riechen, schmecken. Was richtig aussieht, sich gut anfühlt, riecht und schmeckt können Sie auch essen. Was eine abweichende Farbe oder Struktur hat, sich falsch anfühlt, komisch oder unangenehm riecht oder schmeckt, sollten Sie nicht essen. Seien Sie großzügig! Wenn Sie beim Geruch oder Geschmack Zweifel haben, werden Sie nach dem Zubereiten diese immer noch haben und nicht mit Appetit essen.

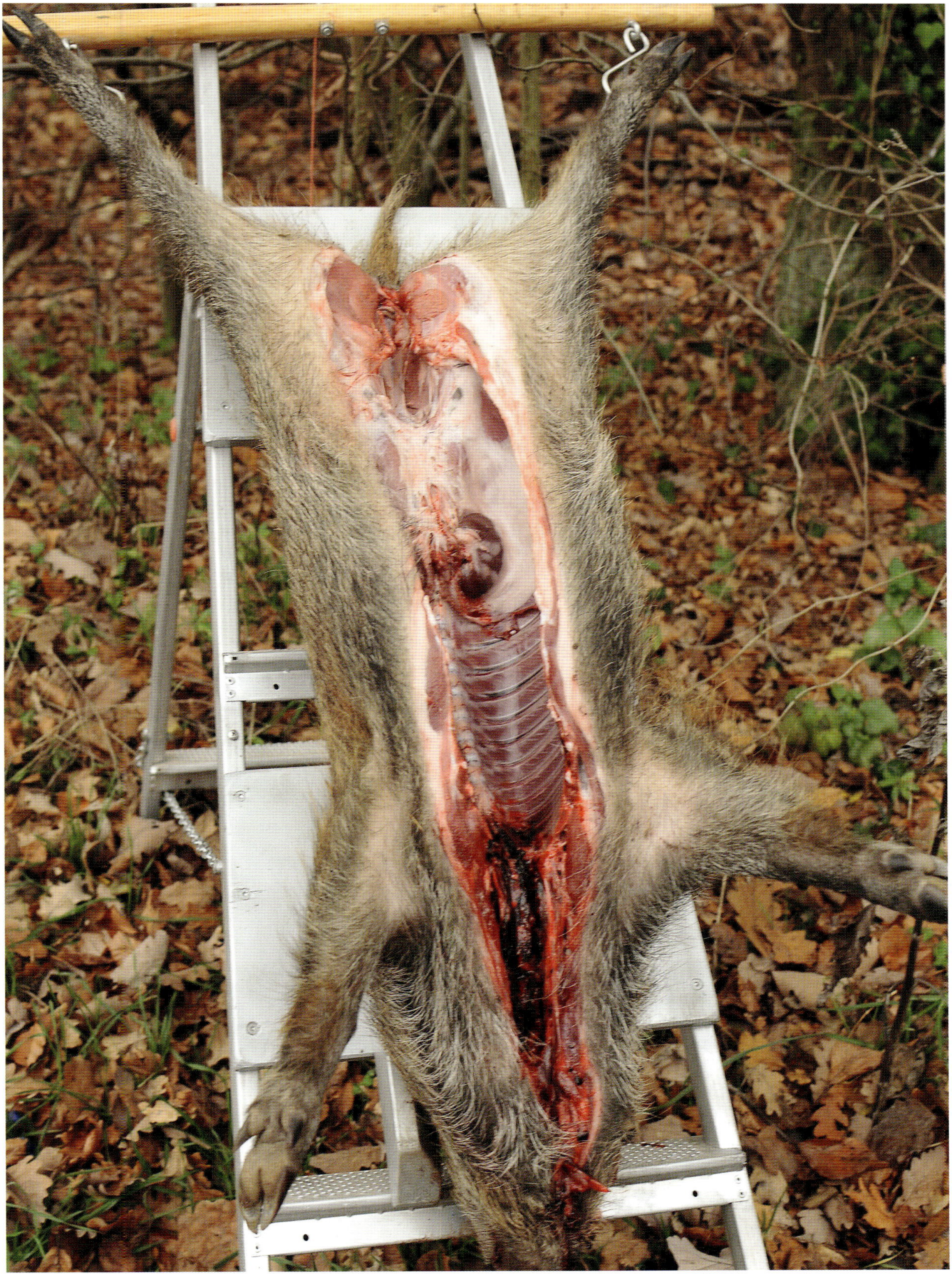

„Nose-to-Tail" – Wild ganz verwerten

Das ganze Tier zu verwerten war früher eine Notwendigkeit und Selbstverständlichkeit, heute heißt es Neudeutsch „Nose-to-Tail". Da an einem Tier nicht nur Steaks wachsen, sollten auch die anderen, weniger beliebten Teile verwertet werden. Da diese meist etwas zäher oder mit Bindegewebe durchzogen sind, ist das natürlich ein Heimspiel für den Dutch Oven. Nach drei bis vier Stunden in der milden Hitze wird jedes Fleisch butterzart. Das Bindegewebe bildet die Grundlage für den tollen Geschmack der Sauce.

An die weniger edlen Teile kommen Sie nur heran, wenn Sie das Wildbret direkt beim Jäger beziehen, denn im Wildhandel hat es keinen Platz. Dort werden nur die Edelteile gehandelt und der Rest zu Gulasch geschnitten oder zu Bratwürsten gekuttert. Auch gibt es kaum Innereien, da diese bei der Jagd entweder beim Aufbrechen gleich verworfen werden, weil sie zerschossen sind, oder weil der Erleger diese als „kleines Jägerrecht" selbst beansprucht. Umso besser ist es, wenn Sie zum Wildbret auch gleich die Innereien dazubekommen. Das Herz und die Zunge ergeben ein wirklich einmaliges Stew, die gebratene Leber und Nieren sind ein Gaumenschmaus. Und eine Rehleber hat gut und gerne 1½–2 kg, was in etwa dem Gewicht einer Keule ohne Knochen und Unterschenkel entspricht.

Gewürze zum Wild

Wild hat an sich schon einen typischen und kräftigen Geschmack, zu dem auch kräftige Gewürze passen. Neben Pfeffer und Salz passen auch Exoten wie Piment, Nelken und Zimt. Mit Abstand das kräftigste Wildgewürz ist die Wacholderbeere, die mit ihrem harzigen, waldigen Geschmack nur sehr vorsichtig eingesetzt werden sollte. Um sie zu mahlen müssen Sie diese mit Pfeffer mischen, sonst wird es wegen der ledrigen Hülle nicht gelingen sie zu zerkleinern.

Schärfe ist bei Wildgerichten meist nicht gewünscht. Mit Pfeffer sollten Sie in den meisten Fällen auskommen, stärkere Gewürze wie Cayenne-Pfeffer oder Chili sind meist nicht notwendig.

Von den einheimischen Kräutern und Gewürzen sind Kümmel, Thymian, Majoran und natürlich Liebstöckel (Maggikraut) gut geeignet.

Meine Geheimwaffe für großartige Saucen und Suppen ist Pilzpulver, das ich immer selbst aus nicht so schönen Pilzen herstelle. Sie werden in Scheiben geschnitten und im Trockenautomaten so lange getrocknet, bis sie knacken. Dann werden die trockenen Scheiben mit den Händen zerrieben, bevor sie wieder durch die Feuchtigkeit an der Luft weich und gummiartig werden können.

Meerrettich – sowohl frisch gerieben als auch die Paste aus dem Glas – eignet sich für Wild hervorragend.

Gedanken zur Speisenwahl und Kalkulation der Mengen

Wild kommt in vielen Haushalten, wenn überhaupt, an Festtage wie Weihnachten auf den Tisch. Das passt aber nicht so recht zum traditionellen Dutch Oven, in dem man eher rustikale Speisen für die Alltags- und Outdoor-Küche erwartet. Dabei geht beides: ein repräsentativer Braten, aber auch ein Chili oder Gulasch. Für den festlichen Braten wird man den Dutch Oven draußen stehen lassen und das Fleisch tranchiert auf einer Vorlegeplatte anrichten und am eingedeckten Tisch servieren. Die rustikaleren Gerichte, die man draußen zu sich nimmt, werden meist direkt aus dem Dutch Oven ausgegeben.

Bei der Speisenwahl sollten Sie überlegen, was Sie zeitgleich noch zu tun haben. Wenn Sie zum Braten noch verschiedene Beilagen servieren möchten, dann ist das eine Aufgabe für geübte Dutch-Oven-Wildköche.

Bei der Kalkulation der Mengen müssen Sie mit etwas Augenmaß an die Sache herangehen. Das Einfachste ist ein suppiges Gericht. Hier rechnen Sie mit 250–300 ml pro Portion und mit 1½ Portionen pro Person, denn nicht jeder nimmt einen Nachschlag.

Bei Fleisch ohne Knochen rechne ich immer mit drei Personen auf ein Kilogramm – entspricht 333 g pro Person –, wobei es sich um eine gemischte Gruppe handelt. Bei guten Essern können Sie ruhig mit 400 g oder mehr rechnen.

Der Dutch Oven in der Küche

Einen Dutch Oven können Sie bedenkenlos auch in der heimischen Küche benutzen. Wenn Sie einen Gasherd besitzen, dann können Sie den Topf mit Beinen auch zum Anbraten verwenden. Ansonsten braten Sie die Speise in einer Pfanne an und schieben anschließend den Topf mit Deckel in den Backofen, vorzugsweise auf ein Blech. 180 °C und Umluft entsprechen dabei der mittleren Temperatur.

Der Backofen hat noch einen Vorteil: Sie können Ihre Rezepte problemlos ausprobieren und dann, wenn sie Ihnen gut von der Hand gehen, draußen mit Holzkohlebriketts nachkochen. Der heimische Backofen ist auch gut geeignet, um Reste vom Vortag aufzuwärmen, 20 Minuten bei 120 °C Umluft sollten reichen. Im Zweifel prüfen Sie die Kerntemperatur mit einem Fleischthermometer.

TIPP

Sollten Sie die Befürchtung haben, dass das Gericht nicht reicht, dann müssen Sie unbedingt die Ausgabe selbst übernehmen. Zuerst muss jeder etwas abbekommen, dann folgt zum Sattmachen der Nachschlag.

Wildarten

Schwarzwild

Das Schwarzwild ist das einzige wirklich wehrhafte Wild Deutschlands. Es wird jedes Jahr nicht nur Dutzenden von Jagdhunden zum Verhängnis, sondern fügt auch etlichen Jägern schwere Verletzungen zu. Die alten Keiler sind Einzelgänger, die Bachen leben meist zu mehreren zusammen und werden von einer Leitbache geführt. Diese sorgt mit der Ausschüttung von Pheromonen dafür, dass die nachgeordneten Bachen in ihrem Zyklus synchronisiert werden und alle zur gleichen Zeit rauschig werden – und in der Folge alle zur gleichen Zeit ihre Frischlinge zur Welt bringen. Das ist im Februar der Fall, wenn dann mehrere Bachen mit einer hohen Anzahl an Frischlingen die Bestandsverluste des Winters ausgleichen. Die hohe Fruchtbarkeit und der intensive Maisanbau sorgen dafür, dass sich die Sauen stark vermehren und in Feld und Wald große Schäden anrichten.

Schwarzwild ist inzwischen die Wildart, von der gewichtsmäßig am meisten Wildbret in den Handel kommt. Die beste Größe haben Überläufer (Tiere vom Vorjahr) mit einem Gewicht aufgebrochen zwischen 40 und 60 kg. Dann ist das Fleisch schon ausgereift und die einzelnen Stücke so groß, dass sich vernünftige Portionen schneiden lassen. Die kleineren Frischlinge haben helleres Fleisch und kaum jemand möchte es so recht haben, Sie können hierbei also ein Schnäppchen machen.

Bei Schwarzwild kann es vorkommen, dass ein Eber ein sogenannter „Stinker" ist. Dabei befindet sich ein gewisses Hormon im Fleisch, dass beim Erhitzen zerfällt und einen extrem unangenehmen Geruch verströmt, der an Urin erinnert. Dieses Fleisch ist beim Heißverzehr genussuntauglich. Leider riecht man das nicht am erlegten Stück, sondern erst, wenn das Fleisch erhitzt wird. Also kaufen Sie entweder weibliche Stücke, oder Sie bestehen auf eine Bratprobe. Dabei wird ein kirschgroßes Fleischstück angebraten oder in kochendes Wasser gegeben. Sie können auch ein Eisenstück mit einem Bunsenbrenner erhitzen und auf das Fleisch drücken. Riecht es beim Erhitzen intensiv nach Urin, dann ist das Fleisch nicht für den Heißverzehr geeignet. Aber nicht jeder Eber stinkt, daher sollten Sie vorher den beschriebenen Test durchführen, bevor Sie Ihre Arbeitszeit in das Zerlegen und die Zubereitung investieren.

Wildschweinfleisch gibt es das ganze Jahr über frisch, aber eben nur direkt beim Jäger, weil sie einzelne Stücke bei der Ansitzjagd erlegen. Das Wildbret ist sehr mild im Geschmack und erinnert an gutes Hausschweinefleisch, wie es mal geschmeckt hat, bevor die Schnellmast das wässrige, magere Fleisch hervorgebracht hat.

Rotwild

Rotwild war früher das edelste Wild und die Erlegung stand nur dem Landesherren zu, deshalb galt es auch als „Hochwild“. Das Rotwild lebt gesellig, aber die Geschlechter sind getrennt. Das Kahlwildrudel mit Alttieren, Schmaltieren und Kälbern beiderlei Geschlechts wird von einem Leittier angeführt. Die Hirsche sammeln sich in Trupps und stehen höchstens in der Brunft und in Notzeiten bei den weiblichen Stücken. Rotwild äst wie Kühe auf der Weide große Mengen Gras, das sie dann im Schutze der Wälder wiederkäuen.

In Rotwildgebieten ist die Brunft im Oktober der Höhepunkt schlechthin. Das majestätische Röhren des Hirsches und die Rivalenkämpfe ziehen immer viele Naturinteressierte, Jäger und auch Touristen an. Das imposante Geweih des Hirsches wird jedes Jahr abgeworfen und neu gebildet, sodass Spezialisten die Abwurfstangen einzelnen Hirschen zuordnen und so auch das stetig größer werdende Geweih dokumentieren können. Durch das Geweih lassen sich einzelne Individuen unterscheiden, die von Jägern Namen bekommen, was bei einem Lebensalter von 15–20 Jahren auch sinnvoll ist.

Rotwild ist in Deutschland das größte Schalenwild. Ein Hirsch kann schon mal aufgebrochen 180 kg wiegen. Diese werden aber meist in der Brunft erlegt und sind dann eigentlich nicht zu verwerten, weil sie einen unerträglichen Brunftgeruch verströmen, der das Fleisch für den menschlichen Genuss untauglich macht. Ein Kalb (von diesem Jahr), ein Schmaltier (vom letzten Jahr) oder ein Alttier (älter als 2 Jahre) ist da wesentlich dankbarer. Auch hier sind die Fleischportionen schon so groß, dass Sie aus einer Keule mehrere Bratenstücke von 2 kg schneiden können.

Rotwild gibt es in Deutschland nur in wenigen Gebieten, in den Mittelgebirgen und großen Waldgebieten. Meist werden sie in Teilstücken vom Jäger abgegeben, denn ein Alttier mit 80 kg aufgebrochen ist für einen normalen Haushalt einfach zu viel.

Damwild

Das Damwild oder Dänen-Wild wurde früher in Deutschland als Parkwild gehalten und ist dann nach und nach verwildert. Die Brunft erfolgt im September, wobei der hohe, keifende Schrei des Hirsches weit weniger majestätisch wirkt als das Röhren des Rothirsches. Die Fellfarbe variiert zwischen naturfarben über schwarz bis zu weiß, wobei es sich allerdings nicht um Albinos handelt. Das Damwild liebt parkähnliche Landschaften und kommt dort in kopfstarken Rudeln vor, die durchaus auch 100 und mehr Stücke umfassen können.

Von den Schalenwildarten ist Damwildbret das schmackhafteste. Aus der Jagd steht es selten zur Verfügung, aber als Gatterwild das ganze Jahr über. Das Fleisch ist sehr mild im Wildgeschmack, hat eine feinere Faserstruktur als Rotwild und die Portionen besitzen eine brauchbare Größe.

Das Gatterwild ist relativ teuer, aber Jäger wissen um die Qualität und die hat ihren Preis. Häufig kommt es aber gar nicht auf den Markt, weil die Jäger es selbst verwerten. Wenn Sie etwas ergattern können, sollten Sie es auf jeden Fall einmal probieren.

Rehwild

Rehwild ist die häufigste und kleinste heimische Hirschart. Sie sind Einzelgänger und kommen fast überall vor. Sie grasen nicht wie Dam- und Rotwild, sondern ernähren sich sehr selektiv von vielen verschiedenen Gräsern, Kräutern, Trieben und Blättern. Die Ricke steht mit dem Schmalreh und dem Jährlingsbock (ihre Kitze aus dem Vorjahr) und den diesjährigen Kitzen zusammen, der ältere Rehbock steht allein. Auffallend ist der Farbwechsel des Haarkleides: Im Sommer rot und im Winter hellbraun. Die Böcke haben ein Territorium, das sie energisch gegen jüngere Böcke verteidigen. Nur im Winter und auf großen Feldflächen sammeln sich die Rehe zu Sprüngen zusammen, sodass man auf dem Acker 10–20 Rehe beobachten kann.

Rehwild ist auch die Wildart, die zahlenmäßig in Deutschland am meisten erlegt wird. Die teuersten Fleischportionen – Rücken und die beiden Keulen – liegen meist zwischen 2 und 3 kg mit Knochen. Die Rippen, Blätter und der Hals sind günstiger, weil die Blätter meist zerschossen sind und die Rippen nur sehr wenig Fleischauflage haben. Hier sollten Sie auf jeden Fall beim Wegschneiden der Ein- und Ausschüsse sowie der Blutergüsse großzügig sein, wenn der Jäger das nicht schon war. Da in den meisten Revieren immer mit Schwarzwild zu rechnen ist, schießen viele Jäger mit für Rehwild zu starken Waffen, was zu viel Wildbret-Entwertung führt.

Das Wildbret muss nach dem Schuss richtig behandelt und sauber aufgebrochen werden, da es sonst leicht einen „lebrigen" Beigeschmack bekommt.

Unterschiede zwischen Hirsch, Damhirsch und Rehbock

Das Reh ist nicht das Kind vom Hirsch, auch wenn das aufgrund eines Übersetzungsfehlers im Walt-Disney-Film „Bambi“ so dargestellt wird.

Der Rothirsch wiegt aufgebrochen weit über 100 kg, lebend bis über 200 kg, und besitzt ein Geweih, das alleine gerne mal 10 kg auf die Waage bringt. Die Schulterhöhe beträgt beim Hirsch bis 150 cm, bei weiblichen Tieren bis 120 cm. Zum Vergleich: ein üblicher Tisch hat eine Höhe von 80 cm.

Das Damwild ist die mittlere Größe zwischen Rot- und Rehwild und hat eine Schulterhöhe von 80–100 cm. Es ist deutlich kleiner als Rotwild und die Fellfarbe kann stark variieren. Im Sommer sind die weißen Flecken auffällig.

Rehwild ist mit einer Schulterhöhe von 50–70 cm die kleinste Hirschart. Das Gewicht von starken Böcken beträgt aufgebrochen bis 25 kg, sonst um die 16 kg, schwache Kitze liegen bei 7 kg oder darunter. In der Regel haben Ricken im Winter um die 12–18 kg.

Rothirsch

Damhirsch

Rehbock

Hase

Der Hase ist ein typischer Steppenbewohner und das Wild der niedersächsischen Tiefebene. Früher konnte er in der kleinräumigen Landwirtschaft mit vielen Grenzflächen prima leben, aber die heutigen großen Ackerschläge haben ihm nicht mehr viel Lebensraum zu bieten. Hasen sind Einzelgänger und die Rammler kämpfen leidenschaftlich um die Häsinnen, wobei sie sich aufrichten und mit den Vorderläufen aufeinander eintrommeln, dass die weiße Unterwolle nur so fliegt.

Die Häsin setzt ab März sehende und behaarte Junge, die sie in einer Ackerfurche ablegt und nur ab und zu zum Säugen vorbeikommt. In feuchten Frühjahren und Sommern sterben sehr viele der Junghasen an Unterkühlung. Der Hase gräbt keine Bauten, sondern sucht sein Heil in der Flucht, die er mit vielen Hakenschlägen beginnt, um den Verfolger abzuschütteln.

Der Feldhase ist aus oben genannten Gründen in vielen Revieren selten geworden und auch das Interesse an diesem Wildbret hat gewaltig nachgelassen. Früher wurden die Hasen direkt von der Strecke aus verkauft. Die Hasen waren weder ausgenommen noch abgezogen, aber das hat auf dem Land niemanden gestört. Heutzutage können Hasen nur noch selten bei Jägern erworben werden und kommen tiefgekühlt aus Neuseeland in die Geschäfte. Hasen werden meist auf der Treibjagd mit Schrot erlegt, was der Wildbretqualität leider nicht immer zuträglich ist. Am liebsten sind mir die mit der Kugel auf dem Ansitz geschossenen Hasen, denn dann ist das Wildbret nicht beschädigt.

Das dunkle Hasenfleisch verträgt starke Gewürze und dunkle Rotweine. Ältere Hasen sind für den Dutch Oven hervorragend geeignet, weil das Fleisch durch das langsame Schmoren bei niedriger Temperatur zart und mürbe wird.

Kaninchen

Kaninchen kommen aus Spanien und wurden von den Römern in Deutschland eingeführt, zusammen mit dem Frettchen, das zur Kaninchenjagd abgerichtet wird. Das weibliche Kaninchen gräbt eine blind endende Setzröhre, in der sie ihre Jungen zur Welt bringt. Diese ist mit Unterwolle ausgekleidet, die sie sich selbst ausrupft. Die Jungen sind nackt und blind und brauchen die Fürsorge der Mutter.

Kaninchen leben gesellig in Kolonien, auch mitten in der Stadt und auf Sportplätzen. Hier graben sie große Bauanlagen mit etlichen Röhren und Kesseln, in denen ganze Familien zusammen leben. Einmal aufgescheucht, versucht ein Kaninchen auf dem direkten Weg eine Röhre zu erreichen, um sich unter der Erde in Sicherheit zu bringen. Durch das gesellige Leben verbreiten sich Infektionskrankheiten rasend schnell, was zwar zu großen Verlusten führt, aber durch die vermehrungsfreudigen Tiere schnell wieder ausgeglichen wird.

Kaninchen werden von Stadtjägern mit Frettchen aus den Bauen getrieben und mit Netzen gefangen. Diese Kaninchen sind von erstklassiger Qualität, weil sie nicht geschossen werden und das Wildbret somit keine weiteren Verletzungen aufweist. Neben der Blume (dem Stummelschwanz) liegen zwei Drüsen, die etwa so groß wie ein Pflaumenkern sind. Diese müssen Sie sehr sorgfältig wegschneiden, ohne sie dabei zu verletzen – falls das noch nicht geschehen ist. Die Drüsen verbreiten einen unangenehmen Kaninchen-Geruch, der das Wildbret komisch schmecken lässt.

Das helle Fleisch hat nur wenig Eigengeschmack und lässt sich somit vielseitig verwenden. Das Tier und somit auch die Fleischportionen sind relativ klein. Wenn Sie ein Kaninchen mit Knochen zubereiten, dann sollten sie es so lange garen, bis sich das Fleisch leicht von den Knochen löst, sonst macht das Essen keinen Spaß.

UNTERSCHIEDE ZWISCHEN HASEN UND KANINCHEN

HASE	KANINCHEN
lebt im Feld	gräbt Baue
4–5 kg Gewicht	1–1,5 kg Gewicht
2–4 Junge, sehen und behaart, liegen frei auf dem Acker	4–8 Junge unter der Erde, nackt und blind
lange Ohren	kurze Ohren
Einzelgänger	lebt in Kolonien
flüchtet lange Strecken	flüchtet nur kurze Strecken zurück in den Bau
Fell braun, lockig, weiße Unterwolle	Fell grau
dunkles Fleisch	helles Fleisch
passt zu Rotwein	passt zu Weißwein

Nutria

Die Nutria ist ein Nager, der am Wasser lebt und in den Uferböschungen Bauten gräbt, was Probleme mit den Menschen verursacht. Das Weibchen kann mehrmals im Jahr Junge zur Welt bringen und sorgt dadurch für eine explosionsartige Vermehrung, die eine scharfe Bejagung erfordert. Sie ist ein reiner Pflanzenfresser und nicht besonders winterhart, sodass kalte Winter den Bestand massiv einbrechen lassen, bis die Fortpflanzungsperiode einsetzt und die Winterverluste schnell wieder ausgeglichen sind.

In den letzten Jahren haben Nutrias alle Bundesländer besiedelt. Die Tiere wurden nach der Wiedervereinigung im Spreewald freigelassen, weil die zu DDR-Zeiten hochsubventionierte Zucht nicht mehr rentabel war. Von dort aus haben sie sich in ganz Deutschland verbreitet und verursachen nun durch ihre Wühltätigkeiten an den Uferböschungen enorme Schäden. Die Nutria hat kaum natürliche Feinde und die ökologische Nische war bisher nicht besetzt.

Die Nutrias sind etliche Generationen lang handzahm gezüchtet worden, weil sie mit den großen Nagezähnen sehr gefährlich werden können. Das sorgt dafür, dass sich die Tiere in städtischen Anlagen füttern lassen und auch die Scheu vor dem Menschen verlieren. Zu DDR-Zeiten wurden jedes Jahr 300 Tonnen Nutriafleisch gegessen und etwa 100.000 Tiere gezüchtet.

Die Nutria ist ein sauberes Tier, das keine Drüsen besitzt, die unangenehm riechen oder schmecken. Das Fleisch ist hell und mit Kaninchen oder Pute vergleichbar – es eignet sich also für viele Zubereitungsarten. Für den Verzehr sollten die Tiere mit einem Kopfschuss erlegt werden, damit sie sauber ausbluten.

Wildgans

Bei der Wildgans gibt es verschiedene Arten, von der Blessgans über die Grau- und die Saatgans bis zur Nilgans. Sie werden sehr alt und leben in Monogamie, wobei sie die Jungen als Paar zusammen aufziehen. In den letzten Jahren haben sich einige Gänsearten stark vermehrt und verursachen in landwirtschaftlichen Kulturen große Schäden. Dazu kommen noch die durchziehenden Gänse aus dem Norden, die in Deutschland Rast machen. Es sind sehr wachsame Vögel, sodass es oftmals nur gelingt, ein oder zwei Tiere aus einem Flug von mehreren Hundert Tieren zu erlegen, weil der Rest gewarnt ist und sich entfernt.

Die als Neozoen eingewanderte Nilgans breitet sich seit einigen Jahren stark aus und sorgt an einem Teich dafür, dass sich dort keine weitere Gans, Ente oder Teichhuhn aufhält.

Bei jungen Wildgänsen sollten Sie die Brust auslösen und kurzbraten, bei den älteren ist das langsame Garen im Dutch Oven ideal, denn so wird auch ein Vogel mit etlichen tausend Flugstunden weich.

Taube

Wild- oder Ringeltauben sind äußerst schmackhafte Vögel. In einigen Landstrichen verursachen sie große Schäden und es werden dort bei konzertierten Aktionen riesige Mengen geschossen. Die wichtigste und größte Taube ist die Ringeltaube, die an dem hellen „Halsring“ – der eigentlich aus zwei Flecken besteht – zu erkennen ist. Die Tauben bauen nur ein sehr einfaches Nest, das leicht an den überstehenden Ästen zu erkenne ist. Sie legen immer genau zwei weiße Eier und die Jungen werden im Nest mit

„Kropfmilch“, einem Sekret aus dem Kropf der Eltern, ernährt. Später schließen sie sich zu großen Flügen zusammen und fallen in großer Zahl in landwirtschaftlichen Kulturen ein. Hier kann man sie aber gut mit Locktauben anlocken und in großer Anzahl erlegen. Für den echten Weidmann ist das Anpirschen des balzenden Taubers eine sehr spannende Jagd. Der Tauber kann außergewöhnlich gut sehen und erkennt den Jäger, bevor er in Schussweite ist, und flieht.

Bei großen Strecken bietet es sich an, nur die Brüste auszulösen und wie ein Steak medium zu braten. Die Krönung ist aber ein Taubenbraten, wofür der Dutch Oven ideal geeignet ist.
Bei jungen Tauben, erkennbar an dem fehlenden Halsring, ist Kurzbraten angesagt und bei den älteren Tieren bietet sich langsames Garen mit viel Sauce an.

Wildente

Wildenten waren bei uns im Revier eine der Hauptwildarten, bis die Waschbären dafür gesorgt haben, dass der Bestand massiv zurückgegangen ist. Die unverträglichen Nilgänse haben den Brutpaaren dann den Rest gegeben.

Die bekannteste Wildente ist die Stockente. Sie hat ihren Namen dem Umstand zu verdanken, dass Sie gerne in den Stockausschlägen von Weiden brütet. Die Jungen sind Nestflüchter und kommen mit Federn und vollausgebildet aus dem Ei. Sie können sofort der Mutter ins Wasser folgen. Enten sind in der Brutzeit Einzelgänger und kümmern sich allein um die Aufzucht der Küken. Im Winter schließen sie sich zu größeren Flügen zusammen und sind tagsüber in den Feldern auf Nahrungssuche, sie kommen dann aber mit einbrechender Dämmerung zu den Gewässern zurück und verbringen dort die Nacht.

Jeden Dienstag war Entenjagd und wir haben uns an der Schunter, einem kleinen Fluss, angestellt und die gegen Abend zurückkommenden Enten abgepasst. Die jungen Enten haben wir oft schon am Fluss gerupft, bis die nächsten Tiere angeflogen kamen. Alte Enten ziehe ich gerne komplett ab – also die Haut mit Federn, ohne sie zu rupfen –, dann sind sie allerdings nur noch für Suppen oder Schmorgerichte geeignet. Alternativ kann man die Brust mit fettem Speck belegen, damit das Fleisch nicht austrocknet. Die Brust der jungen Tiere können Sie rupfen und auslösen und wie ein Steak medium braten. Dabei sollten Sie sie 80 % der Zeit auf der Hautseite braten, damit sie schön kross wird, und die Brust dann wenden bis sie eine Kerntemperatur von 56 °C erreicht hat.

KLEINIGKEITEN VORWEG ODER ZWISCHENDURCH

Steak Diane

Steak Diane ist ein Gericht der klassischen Restaurant-Küche und wurde in den 1920/30er-Jahren in gehobenen Häusern am Tisch zubereitet. Den Namen hat es von der römischen Jagdgöttin Diana und entspricht dem deutschen Jägerschnitzel, zumindest was die Sauce betrifft – mit Zwiebeln und Pilzen. Das Gericht ist einfach in der Zubereitung und durch das Flambieren sehr spektakulär. Als Fleischkomponente eignen sich Medaillons aus dem Rücken vom Reh, Wildschwein, Dam- oder Rothirsch. Die großen Stücke von Rotwild oder starken Sauen werden zweifingerdick zugeschnitten, auf die Schnittseite gelegt und dann auf eine Stärke von einem Finger zusammengedrückt, damit diese schnell garen. Beim Rehwild wird der Rücken in breite Stücke geschnitten und kann so gebraten werden – plattieren ist nicht notwendig.

ZUTATEN FÜR 2 PERSONEN

400 g Wildfleisch vom Rücken, in 4 dünne Scheiben geschnitten
Butterschmalz zum Braten
1 Schalotte, in feine Würfel geschnitten
1 Knoblauchzehe, fein gehackt
1 Tasse Champignons, in dünne Scheiben geschnitten
Weinbrand zum Flambieren
1 EL Dijon-Senf
1 EL Worcestershiresauce, bei Bedarf auch mehr
1 Becher Sahne
200 ml Wildfond
Petersilie zum Garnieren
Pfeffer und Salz

ft6

HINWEIS

Dieses Gericht geht sehr schnell und ist nur für eine geringe Personenanzahl geeignet. Bei mehr als vier Portionen wird es schwierig diese sauber zu braten und nicht zu übergaren.

SO WIRD'S GEMACHT

1. In einem Dutch Oven erhitzen Sie Butterschmalz bis es fast raucht, dann braten Sie die Medaillons von einer Seite an, bis sie sich von selbst vom Topfboden lösen, drehen Sie das Fleisch und braten Sie es von der anderen Seite ebenfalls an. Hierbei erzeugen Sie nur eine braune Kruste, das Garen geschieht später in der Sauce. Dann legen Sie das Fleisch zur Seite auf einen Teller und decken ihn mit einem zweiten Teller ab.

2. In dem Dutch Oven schwitzen Sie die Schalotte, den Knoblauch und die Champignons mit 1 Esslöffel Butterschmalz an, und kochen so den Bratensatz vom Boden des Dutch Ovens los.

3. Sobald die Zwiebeln und Pilze weich sind, geben Sie den Weinbrand dazu und flambieren somit alles.

4. Sind die Flammen erloschen, geben Sie den Dijon-Senf, die Worcestershiresauce und die Sahne dazu. Der Wildfond dient zum Einstellen der Konsistenz. Lassen Sie die Sauce 1 Minute köcheln und rühren Sie Petersilie unter.

5. Geben Sie die Steaks zum Erhitzen und Nachgaren in den Dutch Oven. Wir streben eine Kerntemperatur von 56 °C an. Lassen Sie die Steaks kurz Temperatur nehmen und geben Sie diese sofort auf einen Teller und übergießen Sie sie mit der Sauce.

Als Beilage eignet sich Kartoffelpüree oder ein frisches Baguette.

Burritos

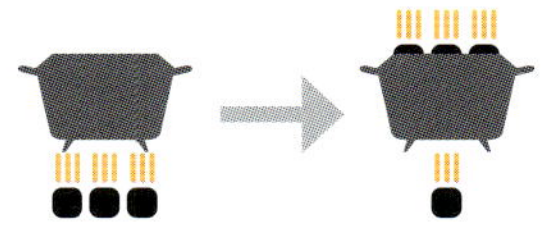

Bei Burritos handelt es sich um gerollte Weizentortillas, die mit Fleisch und Gemüse oder Salat gefüllt sind und auch überbacken serviert werden. Es handelt sich bei der Burritofüllung eigentlich um ein Reste-Essen, also können Sie hier nehmen, was weg muss. Und etwas Schärfe schadet nicht. Burritos sind in der amerikanisch-mexikanischen Küche ein typisches Gericht zum Frühstück.

ZUTATEN FÜR EIN FRÜHSTÜCK FÜR 4 PERSONEN, ALS VORSPEISE FÜR 8 PERSONEN

500 g Wildhackfleisch
1 große Zwiebel, in Würfel geschnitten
1 Paprika, in Würfel geschnitten
1 Knoblauchzehe, fein gehackt
1 Jalapeño, in Würfel geschnitten
Grillgewürz nach Wahl
10 Eier
Pfeffer und Salz
8 Weizentortillas
250 g Cheddar, gerieben

Butter zum Bestreichen
Fett zum Braten

Was noch in die Füllung kann:
Tomaten, Bacon-Würfel, vorgekochte Kartoffeln, Bohnen, Maiskörner

ft6

SO WIRD'S GEMACHT

1. Braten Sie das Hackfleisch im Dutch Oven gut durch. Geben Sie die Zwiebel, die Paprika, den Knoblauch und die Jalapeño dazu und braten Sie diese mit, bis die Zwiebel glasig ist. Würzen Sie mit einem Grillgewürz der Wahl.

2. Nehmen Sie die Zutaten aus dem Dutch Oven und stellen Sie sie zur Seite. Dann geben Sie wieder etwas Fett in den Dutch Oven und braten die Eier als Rührei mit etwas Pfeffer und Salz. Legen Sie die Tortillas aus und geben Sie auf jeden Fladen einen Schlag von der Fleischfüllung, etwas Rührei und Käse. Behalten Sie aber noch etwas Käse zum Überbacken zurück.

3. Rollen Sie die Burritos zusammen und bestreichen Sie diese mit zerlassener Butter. Legen Sie vier Stück nebeneinander in einen gefetteten Dutch Oven und bestreuen Sie die Burritos mit Käse. Nach 10–15 Minuten bei wenig Hitze von unten und starker Hitze auf dem Deckel sollten die Burritos heiß und der Käse zerlaufen sein. Wiederholen Sie den Ablauf mit den anderen vier Burritos.

Servieren Sie die Burritos mit einer selbstgemachten Salsa:

Salsa:
500 g Tomaten, in Würfel geschnitten
1 Zwiebel, in Würfel geschnitten
1 Paprika, in Würfel geschnitten
1 kleine Dose Mais
1–3 Jalapeños, Samen entfernt und fein gewürfelt
1 Knoblauchzehe (oder mehr), fein gehackt
1 Zitrone, Saft
1 EL Olivenöl
1 Strauß Koriander
Pfeffer und Salz

Mischen Sie alle Zutaten und stellen Sie die Salsa einige Stunden kalt.

Wildbratwurst mit Bier-Zwiebelsauce

Dieses Gericht wird gerne in den USA im Bundesstaat Wisconsin gegessen, denn dort gibt es eine große Gemeinde von Amerikanern mit deutschen Wurzeln. Diese Deutschen haben beim Auswandern auch die Kultur um die frische, grobe Bratwurst und natürlich Bier mit in die neue Heimat gebracht. Das Gericht ist mit einer einfachen Hitzequelle und einem Dutch Oven schnell und unkompliziert zuzubereiten und wird in den USA gerne vor Football-Spielen auf dem Parkplatz vor dem Stadion auf der Heckklappe des Pickup-Trucks zubereitet. Dort isst man die Wurst traditionell in einem Hot-Dog-Brötchen.

ZUTATEN FÜR 4 PORTIONEN

4–6 grobe frische Wildbratwürste (je nach Größe und Appetit dürfen es auch mehr sein)
Fett zum Braten
Mehl zum Bestäuben
1–2 große Zwiebeln, in halbe Ringe geschnitten
Pfeffer und Salz
Chiliflocken
Majoran und Thymian nach Geschmack
1 Flasche Einbecker Brauherren-Pils

ABWANDLUNG

Sie können die Würste auch traditionell auf dem Grill braten oder bereits gegrillte Würste vom Vortag super aufwärmen und so verwerten. Bereiten Sie in diesen Fällen nur die Zwiebeln im Bier zu und geben Sie die Würste zum Aufwärmen hinein.

SO WIRD'S GEMACHT

1. Erhitzen Sie ausreichend Fett in einem Dutch Oven mit starker Hitze von unten und geben Sie die in Mehl gewälzten, groben Bratwürste hinein. Braten Sie diese auf beiden Seiten an, dabei müssen die Würste nicht durchgegart werden, denn das geschieht später in der Sauce.

2. Legen Sie die Würste zur Seite und braten Sie die Zwiebeln im Dutch Oven an, bis sie goldgelb sind. Würzen Sie mit Pfeffer, Salz, Chiliflocken, Majoran und Thymian. Löschen Sie mit dem Bier in kleinen Portionen ab und lassen Sie die Flüssigkeit einkochen.

3. Geben Sie die Würste zurück zur Sauce und lassen Sie alles zusammen 10 Minuten köcheln, bis sie durchgegart sind.

Zum Servieren legen Sie die Würste entweder in ein aufgeschnittenes Brötchen und geben die Zwiebeln oben drauf oder Sie essen alles zusammen als Tellergericht mit Kartoffelbrei.

Frittierte Wildnuggets

Bei vielen Wildarten sind die einzelnen Fleischstücke nicht groß genug, um daraus einen Braten oder Steaks zu schneiden. Hier bietet es sich an, das Fleisch in dünne Streifen zu schneiden zu panieren und in Fett auszubacken. Das ergibt ein leckeres Fingerfood, das als Vorspeise dient.

ZUTATEN FÜR 6–8 PERSONEN

1 kg Wildbretstreifen von hellem Wildbret (Nutria, Kaninchen, Fasan)
Mehl, zum Panieren
Paniermehl oder Pankomehl, zum Panieren
1 l Öl, gerne auch Sojaöl, zum Frittieren
Aioli und Cumberlandsauce, zum Dippen

Bierteig:
200 g Mehl
125 ml helles, kaltes Bier
75 ml Milch
1 EL Sonnenblumenöl
2 Eier
Salz und Pfeffer

ft4,5 oder ft6

SO WIRD'S GEMACHT

1. Mischen Sie alle Zutaten für den Bierteig. Schlagen Sie alles mit einem Schneebesen schön luftig und lassen Sie den Teig ½ Stunde quellen.

2. Schneiden Sie das Wildbret in Streifen – möglichst nicht dicker als 1 Zentimeter – und pfeffern und salzen Sie es ausgiebig.

3. Zum Panieren wälzen Sie das Fleisch zunächst in Mehl, klopfen das überschüssige Mehl ab und ziehen dann das Fleisch durch den Bierteig. Lassen Sie den Teig ablaufen und wälzen Sie dann das Fleisch in dem Panier- beziehungsweise Pankomehl.

4. Zum Frittieren erhitzen Sie das Öl im Dutch Oven auf 180 °C (entweder mit einem Thermometer prüfen oder einen Holzstab nutzen – wenn sich Blasen bilden ist es heiß genug). Geben Sie die Fleischstücke einzeln in das Fett, ohne den Dutch Oven zu überladen. Wenn die Nuggets von allen Seiten hellbraun sind, sollte das Fleisch innen durchgegart sein. Lassen Sie die Nuggets auf einem Küchentuch abtropfen und servieren Sie sie noch warm mit Aioli oder Dips und Saucen nach Wahl.

HINWEIS

Vorsicht! Frittieren auf offenem Feuer ist nicht ganz ungefährlich. Sollte der Dutch Oven Feuer fangen, halten Sie den Deckel bereit, um die Flammen zu ersticken. Eine Löschdecke kostet nicht viel und sollte immer zur Hand sein ... *better safe than sorry.*

Tauben mit Couscous

Tauben haben eine gute Portionsgröße für eine Person. Dazu eignet sich als Beilage Couscous, ein Produkt aus grobem Weizengries, das nur wenige Minuten zum Quellen braucht und mit Wasser aufgegossen wird. So kann man auch Draußen mit wenig Aufwand eine schmackhafte Beilage zubereiten.

ZUTATEN FÜR 4 PERSONEN

4 Tauben
Ras el-Hanout
8 Datteln zum Füllen, weitere zum Dekorieren
500 g Schalotten, im Ganzen, geschält
Butterschmalz zum Braten
2 Fleischtomaten, in Würfel geschnitten
2 Stangen Lauch, ohne die langen grünen Blätter, in fingerlange Stücke geschnitten
je 1 rote, grüne und gelbe Paprika, in große Rauten geschnitten
200 ml Wildfond
Speisestärke, zum Binden
Pfeffer und Salz
Harissa-Paste
eine kleine Tüte Pistazien, geschält, zum Dekorieren

Für den Couscous:
400 g Couscous
500 ml Wasser
1 TL Salz
1 EL Butter

ft9

SO WIRD'S GEMACHT

1. Reiben Sie die Tauben innen und außen mit Ras el-Hanout ein und füllen Sie diese mit je 2 Datteln und 1 Schalotte. Entfernen Sie die Enden der Flügel und binden Sie die Tauben etwas in Form.

2. Geben Sie das Butterschmalz in den Dutch Oven und legen Sie die Flügelspitzen, wenn Sie haben auch das Herz und den Magen der Tauben, und die Tomaten, den Lauch und die Schalotten in den Dutch Oven. Setzen Sie die Tauben auf das Gemüsebett. Mit mittlerer Hitze von unten und oben braten Sie das Fleisch etwa ½ Stunde.

3. Geben Sie die Paprikastücke dazu – sie sollen nur in der letzten Viertelstunde mitbraten, sonst werden sie zu weich.

4. In der Zwischenzeit geben Sie den Couscous in eine Schüssel und übergießen ihn mit heißem Wasser und lassen ihn quellen. Dann lockern Sie ihn mit der Gabel auf, salzen alles und heben die Butter unter.

5. Wenn die Tauben durch sind, nehmen Sie alles aus dem Topf und stellen es warm. Die Flügelspitzen können Sie wegwerfen.

6. Kochen Sie den Bratensatz mit Hilfe des Wildfonds los. Mit etwas Wasser und Speisestärke binden Sie die Sauce und schmecken mit Pfeffer, Salz, Ras el-Hanout und Harissa-Paste ab.

7. Die Tauben können Sie auf einer Platte mit dem Couscous anrichten, dazu kommen die Schalotten, Paprikastücke und der Lauch. Übergießen Sie das Ganze mit der Sauce und dekorieren Sie mit Datteln und Pistazien. Reichen Sie dazu Harissa-Paste zum individuellen Nachwürzen.

Taubenbrüste in Rahmsauce

Bei einer Wildtaube ist die Brust das beste Fleisch, und auch am einfachsten zu gewinnen: Einfach die frisch geschossene, ungerupfte Taube auf den Rücken legen, mit einem Messer durch die Haut am Brustbein schneiden und dem Knochen folgen. Einmal nach rechts und einmal nach links schneiden und schon haben Sie zwei schiere Stücke herrlichen Wildbrets.

ZUTATEN FÜR 8 PERSONEN

Brüste von 4 Tauben
2 EL Butterschmalz
1 Zweig Thymian
Pfeffer und Salz
2 Schalotten, fein gewürfelt
1 Glas Rotwein
1 EL Dijon-Senf
500 ml Wildfond
8 Toastscheiben
8 Blätter Eisbergsalat
1 Becher Schmand
Strauß Wildkräuter

ft6

TIPPS

Das Rezept funktioniert auch mit anderem Wildbret wie Enten, Krähen, Rebhühnern oder Fasanen.

Brustfleisch von Wildgeflügel besteht aus zwei Teilen, dem großen und dem kleinen Flugmuskel. Die Muskeln lassen sich leicht trennen; stellen Sie die sogenannten Brust-Innenfilets zur Seite und braten Sie diese nur ganz kurz mit. Brustfilets sollten Sie wie ein gutes Steak behandeln und auch so braten, medium ist ideal. Ein Braten-Thermometer ist dabei eine wirkliche Hilfe, denn das Fleisch ist in der Mitte am dicksten und ohne ist der Gargrad nur sehr schlecht einzuschätzen.

SO WIRD'S GEMACHT

1. Schmelzen Sie das Butterschmalz im Dutch Oven und geben Sie den Thymianzweig dazu. Braten Sie die gesalzenen und gepfefferten Taubenbrüste von beiden Seiten scharf an. Nehmen Sie das Fleisch anschließend aus dem Topf und stellen Sie es warm.

2. Geben Sie die Schalotten in den Dutch Oven und lassen Sie diese goldgelb werden, löschen Sie dann mit dem Rotwein ab, geben den Senf, Pfeffer und Salz dazu und kochen den Bratensatz los. Wenn der Rotwein fast verkocht ist, geben Sie die Brüste zurück in den Dutch Oven und gießen den Wildfond an, sodass die Brüste in der Sauce bei wenig Hitze von unten nachziehen und innen noch ganz leicht Pink sind. Die Kerntemperatur sollte bei über 60 °C aber nicht mehr als 65 °C liegen.

3. Ist die Kerntemperatur erreicht, nehmen Sie die Brüste heraus. Legen Sie auf die Toastscheiben je ein Salatblatt, damit das Brot nicht gleich durchweicht, und darauf jeweils eine Taubenbrust. Dann rühren Sie den Schmand in die Sauce, schmecken noch einmal ab und geben die Sauce über die Brüste. Mit gehackten Wildkräutern, oder auch nur einem Zweig Thymian, geht die Vorspeise sofort zum Tisch, denn sie kühlt schnell aus.

Sie können die Taubenbrüste auch als Hauptspeise servieren, dann am besten auf Spätzle, Bandnudeln, Risotto oder Polenta.

Wildes Stir-Fry

Der Dutch Oven ist nicht nur für langes Schmoren geeignet: Durch den hohen Rand und die starke Hitze (auf dem Anzündkamin) können Sie mit ihm auch wie mit einem Wok arbeiten. Ideal, wenn es mal schnell gehen muss. Voraussetzung ist allerdings zartes Fleisch wie Filet oder Rücken.

ZUTATEN FÜR 2 PERSONEN

500 g Wildbretfilet oder -rücken, schier, ohne Sehnen und Fett
1 große Zwiebel, in Achtel geschnitten
1 Paprikaschote, in Rauten geschnitten
1–2 kleine Chilischoten, in dünne Ringe geschnitten
1–2 Knoblauchzehen, in Scheiben geschnitten
1 Tasse Soja- oder Erdnussöl
1 EL Sojasauce
1 EL Sesamöl

Marinade
2 EL chinesischer Kochwein
2 EL Sojasauce
½ TL Salz
1 EL Speisestärke, aufgelöst in 2 EL Wasser
½ TL chinesisches Fünf-Gewürze-Pulver

ft9

SO WIRD'S GEMACHT

1. Bevor Sie mit dem Braten beginnen, müssen alle Zutaten vorbereitet werden. Mischen Sie alle Zutaten der Marinade in einer Schüssel. Schneiden Sie das Fleisch in kleinfingerdicke und -lange Streifen und geben Sie diese in die Marinade. Dann schneiden Sie die Zwiebel, die Paprika, die Chillies und den Knoblauch.

2. Erhitzen Sie etwas Soja- beziehungsweise Erdnussöl im Dutch Oven. Geben Sie das Fleisch in zwei Chargen in das he ße Öl und rühren Sie sofort durch, damit es nicht als Klumpen liegen bleibt, sondern jeder Streifen separat angebraten wird. Nach 1 Minute nehmen Sie das Fleisch mit einem Schaumlöffel heraus und braten die zweite Charge an. Nehmen Sie auch diese heraus und stellen das Fleisch beiseite.

3. Entfernen Sie das Öl und geben Sie frisches Öl in den Dutch Oven. Wenn dieses beginnt zu rauchen geben Sie die Zwiebeln, die Paprika und die Chilis dazu und rühren kräftig 1 Minute um. Geben Sie den Knoblauch dazu und rühren Sie noch einmal kräftig durch. Nun kommt das Fleisch mit der Sojasauce zurück in den Dutch Oven. Rühren Sie noch einmal 1 Minute gut durch und nehmen Sie anschließend den Dutch Oven vom Feuer.

4. Zum Schluss rühren Sie das Sesamöl unter und das Gericht ist fertig.

Servieren Sie das Fleisch mit dem Gemüse auf Basmati-Reis und mit Sambal-Oelek zum individuellen Nachschärfen.

TIPP

Dies ist ein einfaches Gericht, das sich in vielen Varianten zubereiten lässt. Getrocknete und eingeweichte Austern- oder Mu-Err Pilze, Sojasprossen, Mini-Maiskolben oder Wasserkastanien sind Zutaten, die Sie zusätzlich verwenden können.

HAUPTGERICHTE

Wild-Potjiekos

Im Gebiet der ehemaligen Kolonie Deutsch-Südwestafrika wird das Kochwildbret gerne in einem Potjie, dem typisch afrikanischen Gusseisentopf mit drei Beinen, am Lagerfeuer zubereitet. Die lange Kochzeit und die Tatsache, dass sich die Flüssigkeit unten im Topf sammelt, sorgt für butterzartes Fleisch und reichlich Bratensaft, der zusammen mit dem traditionell eher trocken gekochten Maisbrei eine herzhafte Mahlzeit ergibt. Ein Gericht, das im Potjie gekocht wird, heißt Potjiekos, also Kost aus dem Pott. Sie können statt des Wildbrets auch Lamm oder Rind verwenden. Beim Kochen mit dem Potjie kommt es eher auf die Improvisationsgabe an als auf die genaue Befolgung eines Rezeptes.

ZUTATEN FÜR 6–8 PERSONEN

2 kg Kochwildbret, Schulter oder Hals
Mehl zum Bestäuben
Öl zum Anbraten
500 g Zwiebeln, in feine Würfel geschnitten
5 Knoblauchzehen, fein geschnitten
250 ml Brühe
1 Flasche trockener Rotwein
2 TL getrockneter Thymian
1 TL Korianderkörner
1 TL getrocknete Chilis, gemahlen
1 Lorbeerblatt
Pfeffer und Salz
2 EL Tomatenmark
5 Karotten, in Würfel geschnitten
500 g Champignons
5 Tomaten, in Würfel geschnitten
2 Becher Sahne
evtl. Saucenbinder

ft9

SO WIRD'S GEMACHT

1. Schneiden Sie das Fleisch in mundgerechte Würfel und bestäuben Sie es mit Mehl. Braten Sie das Fleisch in Öl rundum gut an und stellen Sie es anschließend beiseite.

2. Die Zwiebeln und den Knoblauch anbraten und das angebratene Fleisch und die Karotten in den Topf geben.

3. Die Brühe und den Wein mit den Gewürzen und dem Tomatenmark mischen und zum Fleisch geben.

4. Mit geschlossenem Deckel 1 Stunde kräftig kochen lassen. Falls das Fleisch zäh sein sollte, ruhig 30 Minuten länger kochen.

5. Geben Sie die Pilze, die Tomaten und die Sahne in den Topf. Falls die Sauce zu flüssig sein sollte, etwas Saucenbinder hinzufügen. Nach weiteren 30–45 Minuten sollte der Potjiekos fertig sein.

Als traditionelle Beilage gibt es Maisbrei, aber auch deutsche Beilagen wie Klöße oder Spätzle passen gut dazu.

HINWEIS

Wichtig ist, dass der Potjie beim Kochen niemals umgerührt wird und die Zutaten nach der jeweiligen Kochzeit gestaffelt dazugegeben werden.

Wildschwein-Schichtfleisch

Schichtfleisch ist inzwischen der Dutch-Oven-Klassiker schlechthin. Das Gericht ist nicht nur wunderbar einfach, sondern man kann auch mit den Gewürzen und der Sauce experimentieren. In einen Dutch Oven mit einem Volumen von 8 Litern passt 2,5–3 kg Fleisch perfekt hinein. Beim Speck verwende ich dick geschnittenen Gelderländer Bauchspeck ohne Schwarte, der handelsübliche Frühstücksbacon hat mir zu wenig Geschmack. Fettes Wildschweinfleisch ist ideal, hingegen ist das magere Fleisch von Rot-, Dam- und Rehwild nicht geeignet, da es zu trocken wird.

ZUTATEN FÜR 8–10 PERSONEN

2,5–3 kg Wildschweinnacken, in ca. 1,5 cm dicke Scheiben geschnitten
Steak-Gewürz nach Wahl (z. B. Magic Dust s. u.)
2–3 große Gemüsezwiebeln
800 g Räucherspeck, ca. 3–4 mm dick geschnitten
1 Tasse Steak- oder BBQ-Sauce nach Wahl

Magic Dust

1 Teil Salz, fein gemahlen, (sonst setzt es sich ab)
1 Teil brauner Zucker, fein gemahlen, (sonst setzt er sich ab)
1 Teil schwarzer Pfeffer, fein gemahlen
2 Teile Paprikapulver, rosenscharf
1 Teil Senfpulver
1 Teil Chili-Pulver (beginnen Sie mit ¼ Teil und probieren Sie erst, nachwürzen geht immer)
1 Teil Kreuzkümmel (Cumin)
1 Teil Knoblauchpulver

Mischen Sie alle groben Zutaten und mahlen Sie diese in einer Kaffeemühle, dann kommen die schon feingemahlenen Gewürze dazu. Gut durchmischen und luftdicht aufbewahren. Durch den braunen Zucker verklebt das Gewürz bei feuchter Lagerung.

ft9

SO WIRD'S GEMACHT

1. Würzen Sie die Fleischscheiben, indem Sie eine Seite leicht in das Gewürz drücken. Auf keinen Fall sollten Sie das Fleisch von beiden Seiten wie ein Schnitzel panieren, das ist zu intensiv und bei einer gekauften Fertig-Gewürz-Mischung auch viel zu salzig.

2. Schneiden Sie die Zwiebeln in etwa 5 mm dicke Scheiben, sodass sie noch als Scheibe zusammenhalten und nicht zu Ringen zerfallen.

3. Schichten Sie die Zutaten abwechselnd in den Dutch Oven. Dazu wird der Topf auf eine Seite gelegt und Fleisch, Speck und Zwiebeln abwechselnd eingelegt. Das Schichtfleisch sollte stramm eingeschichtet werden. So stehen die Scheiben hochkant im Topf, wenn er wieder auf den Beinen steht.

4. Zum Schluss übergießen Sie das Ganze mit der gewählten Sauce. Das ist die einzige Flüssigkeit, die Sie dazugeben müssen, der Rest bildet sich aus dem Bratensaft und den Zwiebeln.

5. Heizen Sie den Dutch Oven mit mittlerer Hitze von unten und oben an, nach 1½–2 Stunden hat sich jede Menge Sauce gebildet und das Fleisch ist zart und aromatisch.

Dieses Essen wird auf die Hand ausgegeben: Schneiden Sie ein Brötchen fast durch, legen Sie eine Scheibe Fleisch, etwas Speck und Zwiebel dazu. Reste können Sie am nächsten Tag als Sauce über Nudeln geben.

MAGIC DUST

Diese Gewürzmischung ist für Schichtfleisch ideal, aber sie eignet sich auch für Spare-Ribs oder einen Braten. Beachten Sie, dass bei zu großer Hitze der Zuckeranteil karamellisiert und schwarz wird.

Ente mit süßsauren Linsen und Balsamico

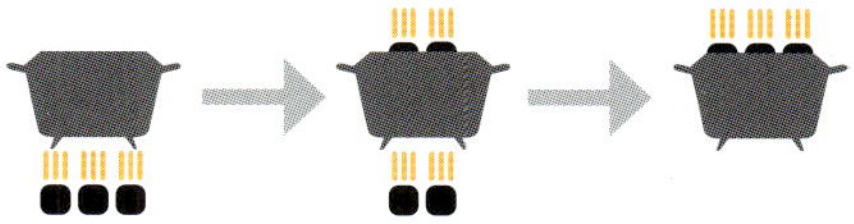

Enten sind ein herrliches Wildgeflügel, das sich wunderbar mit süßsaurem Linsengemüse kombinieren lässt. Das Entenfett tut ein Übriges, um Geschmack und Fülle an das Gericht zu bringen. Sie können auch Ententeile verwenden, wenn Sie einige Stellen wegen der Schusskanäle wegschneiden müssen. Um den Garvorgang noch zu beschleunigen, können Sie die Ente entlang des Rückgrats durchschneiden und aufklappen, dann liegen die Brust und die Keulen auf einer Höhe. Wenn Sie die Entenbrust mit einer spitzen Gabel oder einem Messer mehrfach einstechen, brät das Fett besser aus und die Ente wird knuspriger. Im Ganzen gebraten, wird es zu einem festlichen Gericht, es eignet sich aber auch für die Alltagsküche, um Ententeile oder stark zerschossene Tiere zu verwerten.

ZUTATEN FÜR 2 PERSONEN, BEI ZWEI ENTEN REICHT ES BEI DERSELBEN MENGE LINSEN AUCH FÜR BIS ZU 4 PERSONEN

1 Stockente
250 g getrocknete Linsen
Pfeffer und Salz
frischer Majoran
100 g Rippenspeck, in Würfel geschnitten
2 Zwiebeln, in Würfel geschnitten
1 Karotte, in Würfel geschnitten
½ Stange Lauch, in Ringe geschnitten
1 l Wildfond
1 EL Zucker
2–3 EL Balsamico
Fett zum Braten

SO WIRD'S GEMACHT

1. Legen Sie die Linsen einige Stunden in Wasser ein und lassen Sie sie quellen – auf diese Weise werden sie schneller gar. Vor der Verwendung gießen Sie das Einweichwasser weg.

2. Würzen Sie die Ente mit Pfeffer und Salz und legen Sie einen großen Stängel Majoran in die Ente. In dem Dutch Oven braten Sie die Wildente rundum an, damit sie Farbe bekommt. Stellen Sie die Ente anschließend warm.

3. Geben Sie den Speck und die Zwiebeln in den Dutch Oven und braten Sie beides gut an. Dann geben Sie die Karotte und schließlich die Lauchringe und Linsen dazu. Gießen Sie mit dem Wildfond auf, bis die Linsen knapp bedeckt sind. Würzen Sie mit Zucker, Pfeffer, Salz und dem Balsamico.

4. Legen Sie die Ente mit dem Rücken auf das Gemüse und heizen Sie den Dutch Oven mit mittlerer Hitze von unten und oben. Falls Sie die Linsen nicht eingeweicht haben, müssen Sie alle 10 Minuten nachschauen und eventuell Wasser oder Wildfond nachgießen. Hier ist Fingerspitzengefühl gefragt, denn die Linsen nehmen die Flüssigkeit unterschiedlich stark auf.

5. Nach 45–60 Minuten sollte die Ente durchgegart sein. Nehmen Sie nun alle Kohlen von unten und geben diesen oben mit auf den Deckel, damit die Brusthaut schön bräunt.

Als Beilage eignen sich Spätzle oder auch Kartoffeln.

Gebratene Tauben mit Waldpilzen

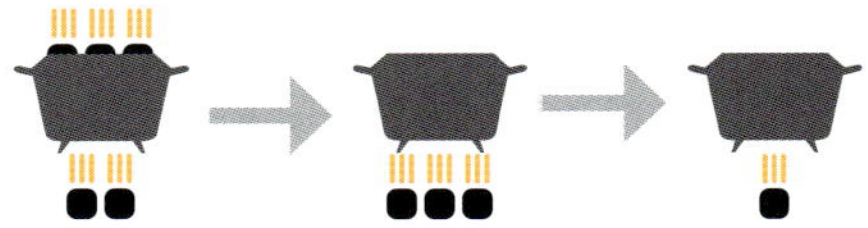

Tauben kommen im August im Lagergetreide oft in großer Zahl zur Strecke. Dies ist ein einfaches, aber gerade deswegen leckeres Gericht. Eine Taube reicht für eine Person, oder eine halbe als Vorspeise.

ZUTATEN FÜR 4 PERSONEN

4 Tauben
reichlich weiche Butter
Pfeffer und Salz
4 Zweige frischer Thymian
12 Scheiben Bacon
½ Tasse Wasser

Für die Sauce:
Butterschmalz zum Braten
500 g Waldpilze, je nach Saison Steinpilze oder Pfifferlinge
1 Zwiebel, in Würfel geschnitten
4 Scheiben Bacon, in Würfel geschnitten
2 Zweige frischer Thymian
200 ml Wildfond
2 Becher Sahne oder Crème fraîche
1 Glas Bourbon
Pfeffer und Salz

TIPP

Pfifferlinge entwickeln Ihr besonderes Aroma erst, wenn sie deutlich über 150 °C angebraten werden. Dazu benötigen Sie ein Bratfett, das diese Temperatur aushält. Butter ist dazu nicht geeignet, da das Milcheiweiß verbrennt. Butterschmalz ist die richtige Wahl bei Pilzen.

SO WIRD'S GEMACHT

1. Binden Sie die Tauben zusammen und bestreichen Sie sie innen und außen mit reichlich weicher Butter. Pfeffern und salzen Sie die Tauben innen und außen, legen Sie je einen Thymianzweig in die Vögel und belegen Sie jede Brust mit drei Streifen Bacon.

2. Setzen Sie die Tauben in einen Dutch Oven mit ½ Tasse Wasser, damit sie nicht anbrennen, und heizen Sie mit mittlerer Hitze von unten und starker Hitze von oben, bis die Tauben in der Brust eine Kerntemperatur von 65 °C aufweisen – das dauert etwa 30–45 Minuten.

3. Nehmen Sie die Tauben aus dem Dutch Oven und stellen Sie sie warm.

4. Schmelzen Sie in dem Dutch Oven 1 Esslöffel Butterschmalz und geben Sie die Pilze dazu. Braten Sie diese richtig gut an, bis sie angenehm riechen. Dann kommen die gewürfelte Zwiebel, der Bacon und 2 Zweige frischer Thymian dazu.

5. Löschen Sie mit dem Wildfond ab und kratzen Sie den Boden vom Dutch Oven mit einem Schaber frei, damit sich die Röstaromen in der Sauce entfalten können.

6. Nehmen Sie den Dutch Oven von der Hitze und rühren Sie die Sahne beziehungsweise die Crème fraîche unter und geben Sie den Bourbon dazu. Schmecken Sie mit Pfeffer und Salz ab und lassen Sie die Sauce mit wenig Hitze simmern, bis sie eindickt, das sollte nur wenige Minuten dauern.

Da dieses Gericht überwiegend mit den Händen gegessen wird, reicht einfaches Baguette als Beilage völlig aus, auch, um die leckere Sauce aufzusaugen.

Wildgans mit Rotkohl und Maronen

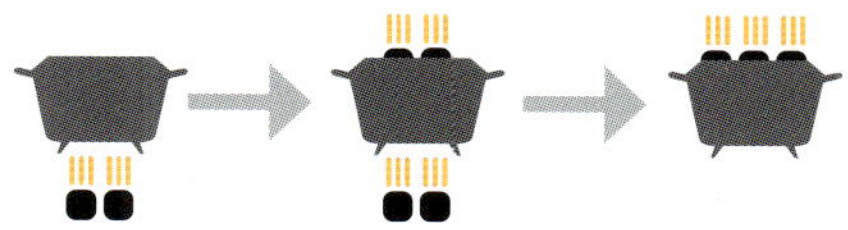

Dieses Rezept eignet sich hervorragend für eine Gans, die bereits einige tausend Flugstunden auf dem Buckel hat. Diese Vögel sind naturgemäß etwas fettiger, was dem Rotkohl sehr gut bekommt. Zudem ist dieses Rezept sehr einfach zuzubereiten.

ZUTATEN FÜR 4–6 PERSONEN

1 Wildgans 3 kg
etwas Schmalz
150 g Speckwürfel
2 Zwiebeln, in Würfel geschnitten
2 kg frischer Rotkohlkopf, in feine Streifen geschnitten
1 säuerlicher Apfel, in kleine Stücke geschnitten
200 g Maronen, geschält und gekocht
Rosmarin
einige Wacholderbeeren
Nelkenpulver oder Nelken (bei Pulver beißt man nicht auf die Nelke, was sehr unangenehm schmeckt)
Pfeffer und Salz
500 ml Brühe oder Wildfond
3 EL Essig
Kartoffeln, in Scheiben geschnitten, nach Wahl

ft12 oder ft18

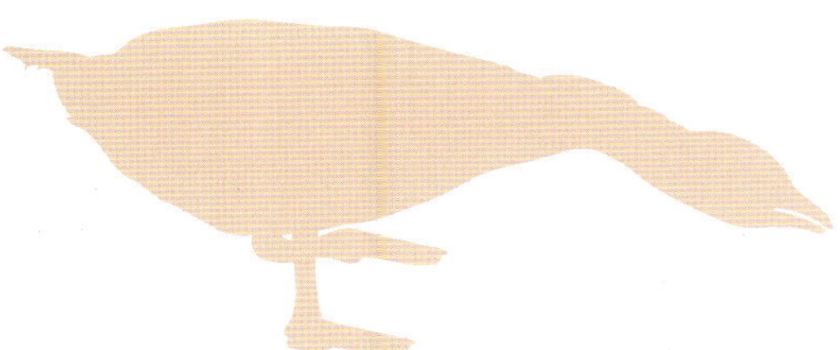

SO WIRD'S GEMACHT

1. In dem Schmalz zuerst die Speckwürfel auslassen und dann die Zwiebeln glasig dünsten. Den Rotkohl, die Apfelstücke und die Maronen dazugeben, mit Rosmarin, Wacholder, Nelken, Pfeffer und Salz würzen. Mit der Brühe aufgießen, den Essig dazugeben und alles mit einigen Kohlen unter dem Topf köcheln lassen, bis der Rotkohl etwas zusammengefallen ist.

2. Die Gans innen und außen mit Pfeffer, Salz und Rosmarin würzen. Sollte diese zu hoch sein, um in den Dutch Oven zu passen, schneiden Sie den Rücken rechts und links des Rückgrates heraus, dann brechen Sie noch das Gabelbein in der Halsgrube – der englische „Wishbone" – und Sie können den Vogel problemlos flachdrücken.

3. Damit das Fett aus der Brust gut ausbrät, stechen Sie die Brust – aber wirklich nur die Haut – mit einer spitzen Tranchiergabel ein. Jeder Zentimeter sollte dicht mit Stichen versehen werden.

4. Legen Sie die Wildgans mit der Brust nach oben auf den Rotkohl und garen alles zusammen mindestens 2 Stunden mit mittlerer Hitze von unten und oben. Das Fett, das aus dem Vogel austritt, verleiht dem Rotkohl seinen unnachahmlichen Geschmack. Sollte noch Platz im Topf sein, können Sie ½ Stunde vor dem Ende der Garzeit Kartoffelscheiben dazulegen. So erhalten Sie eine komplette Mahlzeit aus nur einem Topf.

5. Zum Aufknuspern der Haut entfernen Sie den Rotkohl aus dem Topf, pinseln die Brust mit Salzwasser ein und legen möglichst viele Kohlen auf den Deckel. Dann schauen Sie alle 5 Minuten nach, wie der Vorgang voranschreitet und pinseln dabei erneut die Brust mit Salzwasser ein.

Zum Servieren eignen sich Rotweinbirnen mit Preiselbeeren, die Kartoffelscheiben oder Klöße, wobei die Sauce vom Rotkohl gleich mit dabei ist.

Nutria in Apfelwein mit karamellisierten Apfelspalten

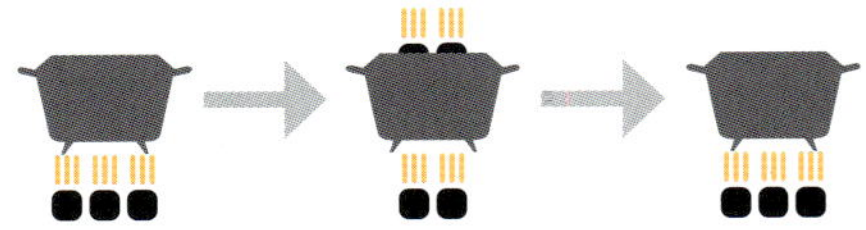

Die Nutria besitzt sehr helles Fleisch und keine Drüsen. Somit kann sie nicht unangenehm riechen, was sie zu einem hochwertigen Lebensmittel macht und selbst nach dem Aufwärmen des Gerichtes, das normalerweise den Wildgeschmack verstärkt, ist kein strenger Geruch festzustellen.
Da die Nutria oft mit einem Kopfschuss und mit Kleinkaliber erlegt wird – damit sie angeschossen nicht abtaucht –, ist das Fleisch auch meist nicht zerschossen. Leider ist ihr rattenähnliches Aussehen nicht gerade hilfreich bei der Vermarktung und es ist oft schwer, Nichtjägern das Tier als Nahrungsmittel schmackhaft zu machen. In der „DDR“ wurden Nutrias als Pelztiere in großem Umfang gehalten und das Fleisch auch oft und gerne gegessen, somit stehen die Menschen in den neuen Bundesländern dem Nutriafleisch auch heute noch aufgeschlossener gegenüber.

ZUTATEN FÜR 4 PERSONEN

2 kg Nutria-Fleisch mit Knochen
Mehl zum Bestäuben
Fett zum Anbraten
2 Zwiebeln, in Würfel geschnitten
2 Karotten, in Scheiben geschnitten
Sellerieknolle, etwa so viel wie eine der Zwiebeln, in Würfel geschnitten
1 Petersilienwurzel, in Würfel geschnitten
1 Pastinake, in Würfel geschnitten
1 l Apfelwein zum Ablöschen
Pfeffer, Salz
frischer Thymian
1 Lorbeerblatt

Für die karamellisierten Apfelspalten:
2 säuerliche Äpfel (Boskoop), geschält und in Spalten geschnitten
2 EL Butter
Zucker
2 cl Obstler

ft6

SO WIRD'S GEMACHT

1. Zerteilen Sie die Nutria in Portionsstücke und entfernen Sie das sichtbare Fett und die Silberhäute. Bestäuben Sie das Fleisch mit Mehl und braten Sie es in einem Dutch Oven scharf von allen Seiten an, bis es Röstaromen entwickelt hat.

2. Geben Sie das in Würfel geschnittene Gemüse dazu und braten dieses auch an.

3. Löschen Sie mit dem Apfelwein ab, geben Sie die Gewürze dazu und schmoren Sie die Nutria 90 Minuten, bis sich das Fleisch leicht von den Knochen lösen lässt und die Sauce sämig geworden ist.

4. Für die karamellisierten Apfelstücke schneiden Sie den geschälten Apfel in Spalten, erhitzen einen Dutch-Oven-Deckel oder eine Pfanne, zerlassen darin die Butter und streuen eine dünne Schicht Zucker aus. Lassen Sie den Zucker karamellisieren und geben Sie dann die Apfelspalten dazu. Sobald diese heiß sind, gießen Sie zum Flambieren den Obstler dazu und lassen ihn abbrennen.

Zum Anrichten geben Sie die Nutriastücke auf einen Teller, dazu Spätzle oder Bandnudeln, etwas von der sämigen Sauce und einige Apfelspalten. Als Getränk passt der zum Kochen verwendete Apfelwein.

Rehkeule ganz einfach

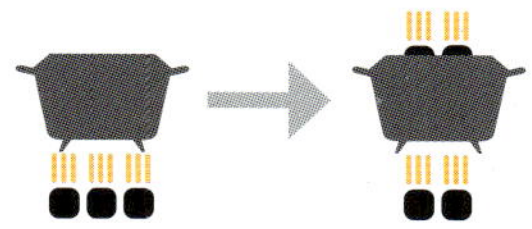

Eine Rehkeule hat ein Gewicht von rund 2 kg, je nach Zuschnitt und Größe des Tieres. Aber da Rehwild im Allgemeinen gejagt wird, wenn es fast ausgewachsen ist, sind die Stücke alle relativ gleich groß – ausgenommen ein schwaches Kitz oder ein sehr starker Bock. Dieses Rezept ist gut für Wild-Anfänger geeignet, da hier nicht viel schief gehen kann.

ZUTATEN FÜR 4–6 PERSONEN

1 Rehkeule mit Knochen, etwa 2 kg
2 EL Meerrettich aus dem Glas
2 EL Senf aus dem Glas oder Tube
Pfeffer und Salz
Fett zum Braten
2 große Zwiebeln, in fingerdicke Scheiben geschnitten
5 dicke Scheiben Rippenspeck
1 Bund Suppengemüse (Karotten, Sellerie, Porree)
Wasser oder Wildfond zum Aufgießen
ggf. Saucenbinder

SO WIRD'S GEMACHT

1. Bringen Sie die Rehkeule mit einem Schinkennetz oder Küchengarn etwas in Form: Es reicht, wenn Sie den Unterschenkel abschneiden und beim Garen mit in den Dutch Oven legen – falls Sie ihn nicht separat verwerten möchten. Reiben Sie die Keule mit einer Mischung aus Meerrettich und Senf ein und geben Sie reichlich frisch gemahlenen Pfeffer dazu und salzen Sie gut.

2. Erhitzen Sie den Dutch Oven, geben Sie etwas Bratfett hinein und braten Sie die Keule von allen Seiten scharf an. Dann heben Sie die Keule heraus und legen sie zur Seite.

3. Legen Sie den Dutch-Oven-Boden mit den Zwiebelscheiben aus. Darauf kommt die angebratene Keule und diese belegen Sie mit dem Speck, damit das Fleisch oben nicht so leicht austrocknet und geben die Gemüse dazu.

4. Gießen Sie zunächst 1 Tasse Flüssigkeit an, dann heizen Sie mit mittlerer Hitze von unten und oben. Prüfen Sie alle 30 Minuten, ob sich noch ausreichend Flüssigkeit im Dutch Oven befindet oder ob Sie nachgießen müssen.

5. Wenn Sie mit einem Thermometer die Kerntemperatur messen, wissen Sie, wie weit der Braten ist. Eine einfache Rehkeule ohne Knochen sollte nach einer knappen Stunde innen rosa gebraten sein, was einer Kerntemperatur von 65 °C entspricht. Wer diesen Gargrad nicht mag, der brät 1 Stunde länger, bis das Fleisch eine Kerntemperatur von über 85 °C hat.

6. Entfernen Sie den Braten aus dem Dutch Oven und stellen Sie ihn im umgedrehten Deckel warm.

7. Für eine Sauce pürieren Sie die Zwiebel in dem Bratensud und dicken diesen ganz einfach mit etwas Speisestärke an. Unter ständigem Rühren aufkochen lassen und anschließend servieren.

Zu diesem Gericht passen Spätzle oder Klöße.

Hirschrücken rosa am Knochen gebraten

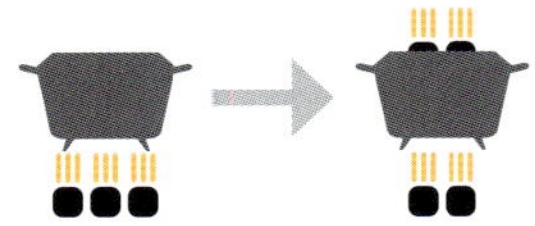

Früher war Rehrücken Baden-Baden DER Höhepunkt auf jedem kalten Buffet. Das folgende Rezept ist eine Anlehnung an dieses klassische Gericht. Es funktioniert mit Rot- oder Damwild und natürlich auch mit Rehwild.

ZUTATEN FÜR 4–6 PERSONEN

2 kg Hirschrücken am Knochen
5 Wacholderbeeren, zerschnitten (Mörsern geht nur sehr schlecht)
Pfeffer und Salz
reichlich Butterschmalz
einige Zweige Thymian
6–8 Scheiben fetter Speck

SO WIRD'S GEMACHT

1. Parieren Sie den Hirschrücken und entfernen Sie dabei alle Sehnen und die Silberhaut. Schneiden Sie dann rechts und links der Dornfortsätze auf das Rückgrat zu, damit der Braten besser gart und nur noch mit den Rippen verbunden ist. Entfernen Sie mit einer Rosenschere die Dornfortsätze und durchtrennen Sie auf diese Weise die verbindende Sehne – ansonsten wölbt sich das Fleisch beim Braten.

2. Würzen Sie die Rückenfilets von allen Seiten mit Wacholder, Pfeffer und Salz.

3. Heizen Sie den Dutch Oven stark an und geben Sie reichlich Butterschmalz in den Topf. Da das Fleisch nicht gut auf dem Topfboden aufliegt, muss das Fett hoch genug im Topf stehen. Dazu kommt Thymian als zusätzlicher Geschmackslieferant.

4. Braten Sie den Rücken auf der Fleischseite gut an, bis alles schön gebräunt ist.

5. Drehen Sie den Rücken um, sodass er nun auf den Rippen aufliegt, bedecken Sie ihn mit Scheiben vom fetten Speck und schließen Sie den Deckel. Jetzt braten Sie nur noch mit mittlerer Hitze von unten und oben, bis der Braten eine Kerntemperatur von 57 °C erreicht hat.

6. Nehmen Sie das Fleisch aus dem Dutch Oven und lassen Sie es abgedeckt etwas ruhen, um es heiß aufzuschneiden.

7. Um den Rücken kalt zu präsentieren, lösen Sie die beiden Filets aus. Schneiden Sie das Fleisch in schräge Scheiben und bestreichen Sie den Knochen mit feiner Kalbsleberwurst. Darauf platzieren Sie die Scheiben. So kommt der Rücken kalt auf das Buffet.

Dazu passen kalte Saucen und Preiselbeeren.

Hirschfilet mit Maronen

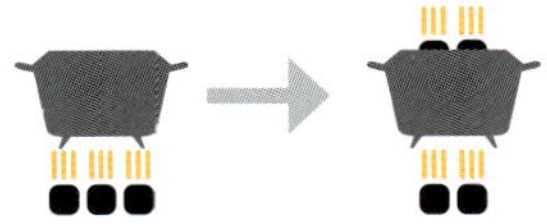

Die Esskastanie ist der Zukunftsbaum der deutschen Forstwirtschaft, da er mit den aktuell trockenen und heißen Sommern gut zurechtkommt. Maronen erhalten Sie vorgegart und vakuumverpackt im gut sortierten Lebensmittelhandel.

ZUTATEN FÜR 4 PERSONEN

1 kg Hirschrückenfilet, geht auch mit anderen Teilen aus der Keule, die zum Kurzbraten geeignet sind
Pfeffer und Salz
Fett zum Braten
350 g Maronen, gegart und vakuumverpackt
2 Zwiebeln, fein gehackt
Knoblauchzehe, fein gehackt
100 ml trockener Rotwein
1 Glas Cognac
200 ml Wildfond
1 EL Preiselbeeren
½ Becher Schlagsahne

SO WIRD'S GEMACHT

1. Parieren Sie den Hirschrücken und pfeffern und salzen Sie ihn. Erhitzen Sie Fett im Dutch Oven und braten Sie das Fleisch von allen Seiten an.

2. Reduzieren Sie die Hitze und braten Sie das Fleisch je nach Größe und Vorlieben so lange, bis es rosa ist – das dauert etwa 20–30 Minuten. Kontrollieren Sie die Kerntemperatur mit einem Bratenthermometer, sie sollte bei 57 °C liegen. Sie können das Fleisch aber bis auf 65 °C garen lassen, dann ist es gerade noch rosa und es läuft kein Fleischsaft mehr heraus. Ist die Kerntemperatur erreicht, nehmen Sie den Rücken aus dem Topf und stellen das Fleisch abgedeckt warm.

3. In der Zwischenzeit pürieren Sie die Hälfte der Maronen mit etwas Wasser und vierteln die andere Hälfte.

4. Schwitzen Sie in dem Bratensatz die Zwiebeln und den Knoblauch an und geben Sie die geviertelten Maronen dazu. Löschen Sie mit dem Rotwein ab und lassen ihn kurz aufkochen. Dann kommen der Cognac, der Wildfond, die Preiselbeeren und das Maronenpüree dazu. Lassen Sie alles kurz köcheln. Entfernen Sie alle Kohlen und rühren Sie die Sahne ein. Schmecken Sie noch einmal mit Pfeffer und Salz ab und servieren Sie die Sauce zum Filet.

Dieses Filet ist etwas festlicher und darum passen gut Kartoffelgratin oder Herzoginkartoffeln dazu.

TIPP

Wenn Sie etwas entspannter kochen möchten, arbeiten Sie mit zwei Dutch Oven: in dem einen gart der Braten und in dem anderen zaubern Sie die Sauce.

Weihnachtlicher Schmorbraten mit Saucen-Lebkuchen

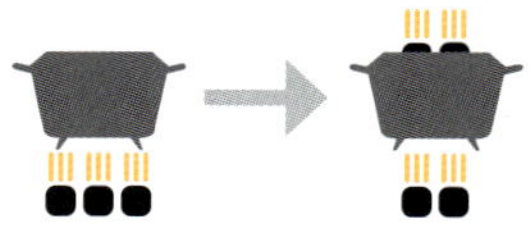

Zu Weihnachten gibt es vielerorts einen traditionellen Schmorbraten mit dunkler Sauce. Diese lässt sich mit Saucen-Lebkuchen hervorragend andicken und bekommt dadurch auch noch eine adventliche Geschmacksnote.

ZUTATEN FÜR 4–6 PERSONEN

1,5 kg Wildbraten aus der Keule
60 g Saucen-Lebkuchen
100 g getrocknete Pilze (Waldpilze, Steinpilze oder Champignons)
2 Flaschen Einbecker Weihnachtsbier
Butterschmalz zum Braten
3 große Zwiebeln, in grobe Stücke geschnitten
200 ml Wildfond
Pfeffer und Salz

ft9

SAUCEN-LEBKUCHEN

Diese Lebkuchen werden speziell für das Kochen gebacken und sind bei weitem nicht so süß wie die als Gebäck verkauften Lebkuchen. Auch sind Saucen-Lebkuchen sehr trocken und halten sich fast ewig. Diese Lebkuchen müssen vor der Verwendung in einer Flüssigkeit vorquellen und lösen sich beim Kochen vollständig auf. Sie sind ein toller Saucenbinder.

SO WIRD'S GEMACHT

1. Zerkleinern Sie den Saucen-Lebkuchen und geben Sie ihn zusammen mit den getrockneten Pilzen in eine Schüssel. Übergießen Sie den Kuchen und die Pilze mit 1 Flasche Einbecker Weihnachtsbier und lassen Sie die Mischung 1 Stunde vorquellen.

2. In der Zwischenzeit braten Sie das Fleisch in dem Dutch Oven von allen Seiten im Butterschmalz scharf an, nehmen es heraus und stellen es warm.

3. Dann geben Sie die Zwiebeln in den Dutch Oven und braten sie ebenfalls an. Löschen Sie mit dem Wildfond und der zweiten Flasche Bier ab und kochen Sie den Bratensatz los. Jetzt geben Sie das Fleisch zurück in den Topf und würzen alles mit reichlich Pfeffer und Salz – der typische Geschmack kommt später vom Lebkuchen und den getrockneten Pilzen.

4. Lassen Sie das Fleisch ½–1 Stunde schmoren und geben Sie erst dann die eingeweichten Pilze und den Lebkuchen dazu. Jetzt lassen Sie das Fleisch noch 1 Stunde schmoren, bis die Kerntemperatur über 95 °C gestiegen ist. Jetzt sollten sich die Zwiebeln aufgelöst haben und die Sauce schön sämig sein.

5. Schmecken Sie die Sauce abschließend mit Pfeffer und Salz ab. Lassen Sie den Braten vor dem Aufschneiden noch 10 Minuten ruhen.

Servieren Sie den Schmorbraten mit Klößen oder Spätzle und dazu Rotkohl. Als Beilage passen auch Rotweinbirnen mit Preiselbeeren.

Hase im Topf

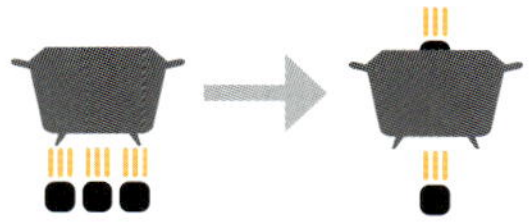

Dieses Rezept wird in England und Schottland als „Jugged Hare“ gerne und oft zubereitet. Die dortigen Niederwildjagden sind legendär. Früher wurde zum Andicken der Sauce Hasenblut verwendet, was aber heute aus Gründen der Wildbrethygiene nicht mehr möglich ist.

ZUTATEN FÜR 4 PERSONEN

1 Hase, in grobe Stücke zerlegt und wenn möglich die größten Knochen entfernt
Mehl
Fett zum Braten
250 g Rippenspeck, in Würfel geschnitten
5 Zwiebeln, in grobe Würfel geschnitten
500 ml trockener Rotwein
1 Karotte
1 Stück Sellerie (Apfelgröße)
1 Porreestange
500 ml Wildfond
2–3 Stängel Petersilie
3 Wacholderbeeren
Pfeffer, Salz und Cayennepfeffer nach Geschmack
2 EL Johannisbeergelee oder Preiselbeermarmelade

Steckrüben-Kartoffelstampf
500 g Kartoffeln, mehligkochend, in kirschgroße Würfel geschnitten
500 g Steckrüben, in kirschgroße Würfel geschnitten
1 l Brühe oder Wasser
1 EL Butter
1 Becher Sahne
Pfeffer und Salz
Muskat

SO WIRD'S GEMACHT

1. Wenden Sie die Hasenteile in Mehl und braten Sie diese in heißem Fett im Dutch Oven an. Nehmen Sie anschließend das Fleisch aus dem Topf und stellen es warm.

2. Braten Sie den Speck im Dutch Oven an und geben Sie dann die Zwiebeln dazu. Wenn alles gut angebraten und die Zwiebeln goldbraun sind, bestäuben Sie die Masse mit 2 Esslöffeln Mehl und löschen mit dem Rotwein ab.

3. Geben Sie das Suppengemüse im Ganzen dazu – so lässt es sich später besser entfernen –, gießen Sie den Wildfond in den Dutch Oven und geben Sie die Gewürze hinein.

4. Lassen Sie das Gericht bei wenig Hitze von unten und oben wenigstens 1 Stunde schmoren. Testen Sie, ob sich die Knochen schon problemlos vom Fleisch lösen lassen.

5. Nehmen Sie das Fleisch aus dem Dutch Oven und werfen Sie alle Knochen und das Suppengemüse weg.

6. Rühren Sie das Johannisbeergelee in die Sauce und schmecken Sie noch einmal mit Pfeffer und Salz ab. Geben Sie das Fleisch zurück in den Dutch Oven und heizen Sie ihn noch einmal stark an, damit das Fleisch heiß wird.

Zum Hasen passt ein **Steckrüben-Kartoffelstampf**:

SO WIRD'S GEMACHT

1. Geben Sie die Kartoffeln, die Steckrüben und die Brühe in den Dutch Oven und kochen Sie es, bis alles weich ist.

2. Gießen Sie die Brühe ab und zerstampfen Sie die Kartoffel-Steckrübenmassen zusammen mit der Butter, Sahne, Pfeffer, Salz und Muskat im Dutch Oven. Es sollten noch einzelne Stücke der Kartoffel und Steckrübe erkennbar sein.

Zum Servieren geben Sie einen Klecks Kartoffel-Steckrübenstampf auf den Teller, drücken mit dem Löffel eine Vertiefung in die Masse und geben dort den Hasen mit der Sauce hinein.

Kaninchenragout

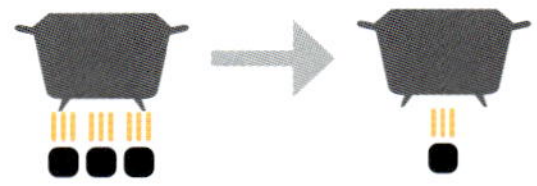

Vor 30 Jahren hatten wir in unserem Revier noch jede Menge Kaninchen, die ich immer gerne mit meinen Frettchen gejagt habe – leider ist dieses kleine Haarwild heute stellenweise verschwunden. Da man manchmal sehr dicht schießen musste, war das Wildbret teilweise stark zerschossen, die noch guten Teile fanden dann den Weg in dieses Ragout.

ZUTATEN FÜR 4 PERSONEN

2 Wildkaninchen oder entsprechende Anzahl Kaninchenstücke
Pfeffer und Salz
Butterschmalz zum Braten
1 Zwiebel, in Ringe geschnitten
Mehl zum Bestäuben
200 ml Wildfond
2 Zitronen, Saft
1 Zitrone, Schalen, in breite Streifen geschnitten
2 Lorbeerblätter
2 EL Kapern
1 Becher saure Sahne
Riesling zum Abschmecken
Petersilie, fein gehackt

ft9

SO WIRD'S GEMACHT

1. Schneiden Sie die Kaninchen in handliche Stücke, pfeffern und salzen Sie diese und braten Sie sie mit Butterschmalz im heißen Dutch Oven portionsweise an. Stellen Sie das Fleisch warm.

2. Geben Sie die Zwiebelringe mit etwas frischem Butterschmalz in den Dutch Oven und braten Sie diese an, bis die ersten Spitzen braun werden. Dann bestäuben Sie alles mit 3 Esslöffeln Mehl und rühren kräftig, bis das Mehl leicht gebräunt ist.

3. Lösen Sie den Bratensatz mit dem Wildfond und geben Sie die Kaninchenteile zurück in den Dutch Oven. Geben Sie den Zitronensaft, die Zitronenschalen und die Lorbeerblätter dazu und füllen Sie mit Wasser auf. Lassen Sie das Fleisch in der Sauce köcheln, bis es von den Knochen fällt – das dauert mindestens 1 Stunde, eventuell auch länger, je nach Alter des Tieres. Diesen Schritt können Sie aber schon im Vorfeld durchführen und das Gericht dann kurz vor dem Essen zusammenstellen.

4. Heben Sie die Kaninchenteile aus dem Dutch Oven und lassen Sie sie kurz abkühlen, bis Sie diese anfassen können. Sammeln Sie das Fleisch von den Knochen ab und geben Sie es zurück in die Sauce.

5. Um das Gericht zu vollenden, entfernen Sie die Zitronenschale und die Lorbeerblätter aus der Sauce. Dann geben Sie die Kapern und die saure Sahne dazu und schmecken mit Wein, reichlich Pfeffer und Salz ab. Geben Sie auf jede Portion etwas Petersilie.

Zu dem Gericht passt hervorragend Reis und der Riesling, den Sie bereits zum Abschmecken genutzt haben.

HEINZ
1869
WORCESTER SAUCE

Wildes Würzfleisch

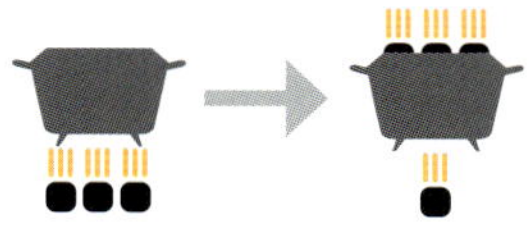

Würzfleisch war in der ehemaligen „DDR“ ein Standard-Kneipenessen; im Westen war es als Ragout-Fin bekannt und kam in Königin-Pasteten auf den Tisch. Es eignet sich jedes helle Wildfleisch, besonders aber Kaninchen, Nutria und das zarte Fleisch von Frischlingen. Es bietet sich vor allem für die Zubereitung kleiner Tiere an, weil diese erst gekocht werden und dann das Fleisch vom Knochen abgesammelt wird.

ZUTATEN FÜR 4 PERSONEN ALS HAUPTGERICHT, 8 PERSONEN ALS VORSPEISE

1 kg Wildfleisch, mit Knochen
2 l Wasser
1 Zwiebel, in grobe Würfel geschnitten
1 Karotte, in grobe Scheiben geschnitten
1 kleine Stange Porree, in grobe Ringe geschnitten
5 Pfefferkörner,
5 Pimentkörner
2 TL Salz

Für die Sauce:
2 EL Butter
1 Zwiebel, in kleine Würfel geschnitten
4 EL Mehl
100 ml Riesling oder anderer Weißwein
1 Zitrone, Saft
1 TL Zucker
Worcestershiresauce
Pfeffer und Salz

Käse zum Überbacken, gerne eine würzige Sorte wie Gruyère

SO WIRD'S GEMACHT

1. Zerteilen Sie das Fleisch in grobe Stücke, geben Sie diese mit dem Wasser und den anderen Zutaten in einen Dutch Oven. Mit starker Hitze von unten kochen Sie das Fleisch, bis es gar ist und sich leicht von den Knochen lösen lässt.

2. Nehmen Sie das Fleisch aus der Brühe und lassen Sie es etwas abkühlen, dann sammeln Sie das Fleisch vom Knochen ab und schneiden es in mundgerechte Würfel. Die Brühe gießen Sie durch ein Sieb und werfen das ausgekochte Gemüse weg.

3. Für die Sauce schmelzen Sie die Butter im Dutch Oven und schwitzen die Zwiebel darin an. Sobald diese durchsichtig wird, stäuben Sie das Mehl darüber und rühren alles gut durch. Gießen Sie jetzt den Riesling und kellenweise die in Schritt 1 hergestellte Brühe an und rühren Sie dabei mit einem Schneebesen, damit sich keine Klümpchen bilden.

4. Wenn die Sauce langsam eindickt, geben Sie das Fleisch zurück in den Dutch Oven. Sie können mit weiterer Brühe aufgießen, falls die Menge nicht reichen sollte.

5. Schmecken Sie mit Zitronensaft, Zucker, Worcestershiresauce, Pfeffer und Salz ab.

6. Füllen Sie die Masse in kleine feuerfeste Schälchen und bestreuen Sie diese mit reichlich Käse. In einem Dutch Oven mit wenig Hitze von unten und starker Hitze von oben überbacken Sie die Schälchen, bis der Käse zerlaufen und leicht gebräunt ist.

Als Vorspeise servieren Sie das Würzfleisch mit Toastscheiben. Als Hauptgericht mit Kroketten oder Kartoffeltalern.

Tortilla-Lasagne

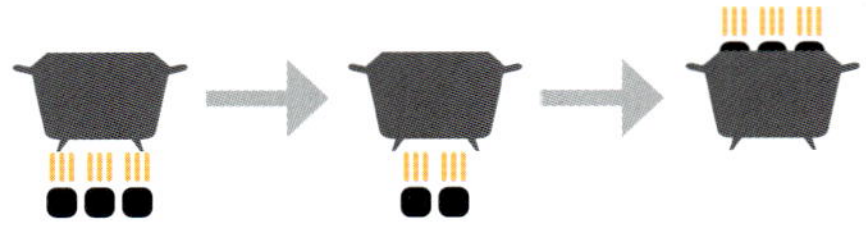

Tortillas sind eine der wichtigsten Lebensmittel beim Viehtreck. Nicht nur, weil dort die Tex-Mex-Küche weit verbreitet ist, sondern auch, weil sich Weizenfladen gut halten und so flexibel einzusetzen sind. Die runden Tortillas bieten sich geradezu an, wie eine Lasagne mit gebratenem Hackfleisch und einer würzigen Sauce in einem Dutch Oven gestapelt zu werden. Dann noch mit Käse überbacken und schon erhält man ein schnelles, aber auch äußerst schmackhaftes Mahl aus nur einem Topf. Die Tortillas sind weich geworden und haben den Geschmack der Sauce aufgenommen.

ZUTATEN FÜR 4–6 PERSONEN

1 kg Hackfleisch vom Wild
Fett zum Braten
2 große Zwiebeln, fein gehackt
2 Knoblauchzehen, fein gehackt
Jalapeños nach Geschmack, gehackt
1 große Dose pürierte Tomaten
1 große Dose Kidneybohnen
1 mittlere Dose Mais
Wasser oder Brühe
2 Dosen Bohnenmus
8 Weizentortillas
1 großes Glas Salsa-Sauce
500 g geriebener Käse, vorzugsweise Cheddar

Chili-Pulver, Oregano, Pfeffer und Salz

ft9

SO WIRD'S GEMACHT

1. Geben Sie etwas Fett in einen Dutch Oven und braten Sie das Hackfleisch gut an – zerkrümeln Sie es dabei gut. Dann nehmen Sie das Fleisch aus dem Topf, geben es in eine große Schüssel und braten im Dutch Oven die Zwiebeln, den Knoblauch und die Jalapeños glasig beziehungsweise weich. Auch diese Zutaten kommen in die Schüssel zu dem Fleisch und werden mit den Dosentomaten, den Bohnen und dem Mais vermischt. Falls die Konsistenz zu trocken sein sollte, geben Sie noch etwas Wasser oder Brühe dazu. Es sollte so flüssig wie ein Chili sein.

2. Zum Schichten geben Sie etwas von der angebratenen Mischung unten in den Dutch Oven, dann kommt eine mit dem Bohnenmus bestrichene Tortilla, wieder Füllung, eine Schicht Salsa, etwas von dem Käse. Jetzt beginnt das Schichten wieder von vorne. Wichtig ist, mit einer Tortilla und darauf mit Füllung aufzuhören. Darauf kommt nämlich reichlich Käse, etwa die Hälfte bis zwei Drittel der kompletten Käsemenge sollte zum Überbacken oben auf die Lasagne gestreut werden. Würden Sie den Käse direkt auf eine Tortilla geben, dann würde das Gericht zu trocken werden.

3. Zum Backen erhitzen Sie den Topf mit mittlerer Hitze von unten und warten, bis der Inhalt stark blubbert. Legen Sie so viele Kohlen auf den Deckel, wie darauf passen und überbacken Sie den Käse.

TIPP

Sie können die Salsa auch selbst machen: Mischen Sie den Inhalt von 1 Dose Tomaten, etwas Chili-Sauce und fein gehackte Zwiebeln miteinander. Hacken Sie eingelegte Jalapeños und geben Sie diese dazu. Ein bisschen der säuerlichen Jalapeños-Lake und etwas Zucker runden die ganze Sache ab.

Pulled Boar

Wildschweine sind inzwischen durch den landesweiten Maisanbau beinahe zu einer Landplage geworden und entsprechend hoch sind die Abschusszahlen. Was liegt da näher als aus den Blättern – Schultern – Pulled Boar herzustellen? Kleine Fleischpartien lassen sich als Schweinebraten nur schlecht verwerten, da das Tranchieren nicht so einfach ist. Als Pulled Boar ist das aber kein Problem, die Stücke werden zerrupft und können dann auch einfacher gegessen werden.

ZUTATEN FÜR 8 BURGER

2 kg Wildschweinschulter mit Knochen
2–3 EL Senf
2–3 EL Meerrettich aus dem Glas
Wild-Rub (Siehe unten)
2–3 Zwiebeln, in dicke Scheiben geschnitten
Wasser oder Bier zum Angießen

Zum Zusammenbauen:
Hamburger-Buns
Eisbergsalat
Krautsalat

Scharfe Preiselbeer-Meerrettichsauce
1 Teil Preiselbeermarmelade
1 Teil Meerrettich aus dem Glas

ft9

SO WIRD'S GEMACHT

1. Reiben Sie das Fleisch mit einer Mischung aus scharfem Senf und Meerrettich ein und verteilen Sie reichlich Rub auf dem Fleisch. Vakuumieren Sie das gerubbte Fleisch und lassen Sie es über Nacht im Kühlschrank marinieren.

2. Legen Sie den Dutch Oven mit den Zwiebelscheiben aus und geben Sie die gerubbte Schulter darauf. Gießen Sie zunächst nur 1 Tasse Wasser beziehungsweise Bier an.

3. Schmoren Sie das Fleisch im Dutch Oven, bis es eine Kerntemperatur von 95 °C erreicht hat. Das dauert je nach Alter des Tieres mindestens 3 Stunden. Testen Sie mit einem Thermometer die Kerntemperatur und gleichzeitig, wie weich das Fleisch bereits ist.

4. Lassen Sie das Fleisch ½ Stunde ruhen und zupfen Sie es anschließend in einzelne Fasern. Mischen Sie es mit der Sauce aus dem Dutch Oven.

5. Zum Zusammenbauen toasten Sie die Schnittseiten der Hamburger-Buns und legen auf das Unterteil ein Blatt Eisbergsalat, damit es nicht so schnell durchweicht. Dann kommt eine gute Portion Pulled Boar auf das Blatt, dann eine Portion Krautsalat und scharfe Preiselbeer-Meerrettichsauce. Schließen Sie den Burger und genießen Sie!

Wild-Rub
1 Teil Pfeffer
1 Teil Piment
1 Teil Salz
1 Teil Zucker
1 Teil Majoran

SO WIRD'S GEMACHT

Wiegen Sie die Zutaten ab. Den Pfeffer und den Piment mahlen Sie in einer Mühle, aber nicht zu fein. Mischen Sie das Salz, den Zucker und den getrockneten Majoran und geben Sie die Pfeffer-Piment-Mischung dazu. Gut durchmischen und in ein aromasicheres Glas abfüllen oder sofort verbrauchen.

Coq au vin mit Taube

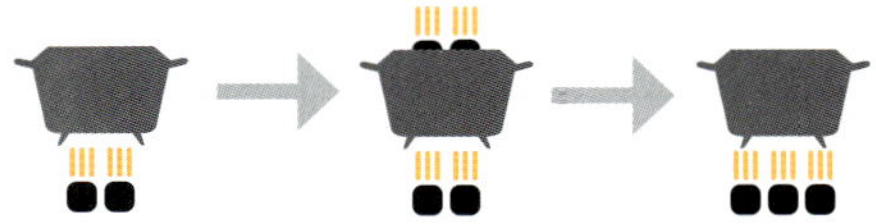

Dieses Rezept ist ein Muss für Freunde der französischen Küche. Voraussetzung ist viel Zeit, guter Wein und gutes Geflügel. Durch den intensiven Geschmack eignen sich Tauben ganz hervorragend, aber auch Enten oder Gänse sind gut geeignet, um die älteren Tiere schön weich zu bekommen. Bei großen Strecken können Sie auch lediglich die Keulen für dieses Rezept verwerten, falls Sie die Taubenbrüste für andere Gerichte verwendet haben. Es ist auch nicht so schlimm, wenn Teile der Tauben zerschossen sind, denn diese werden ohnehin in grobe Teile zerlegt und nicht im Ganzen gebraten. Außerdem entfällt das zeitintensive Rupfen, da Sie die Haut mit den Federn einfach im Ganzen abziehen können. Hier ist etwas Entschlossenheit gefragt, dann geht das schnell und ohne Messer vonstatten, denn die Haut können Sie mit den Fingern einfach zerreißen und abziehen.

ZUTATEN FÜR 4 PERSONEN

4 Tauben
1 Flasche Beaujolais
Pfeffer und Salz
Mehl zum Bestäuben
Butterschmalz zum Anbraten
100 g Rippenspeck, in Würfel geschnitten
5 Karotten, in grobe Scheiben geschnitten
5 Zwiebeln, in grobe Würfel geschnitten
1 Zweig Thymian
1 Lorbeerblatt
1 Glas Weinbrand
250 g Champignons, frisch oder tiefgefroren

SO WIRD'S GEMACHT

1. Die Tauben in Portionen teilen und dabei die Haut entfernen. Das Fleisch waschen und trockentupfen. Hier eignen sich auch Tiere, die etwas zerschossen sind und nicht im Ganzen gebraten werden können.

2. Den Wein im offenen Dutch Oven zum Kochen bringen und auf die Hälfte reduzieren.

3. In der Zwischenzeit das Fleisch mit Salz und Pfeffer würzen und in Mehl wälzen. Im Deckel des Dutch Ovens Butterschmalz erhitzen, das Fleisch darin rundherum anbraten und in den Dutch Oven überführen.

4. Den Speck, die Karotten und die Zwiebeln nach und nach bei kleiner Hitze im Deckel anbraten und ebenfalls in den Dutch Oven geben. Die Gewürze und den Weinbrand hinzugeben, den Deckel schließen und 1 Stunde schmoren lassen. Der Trick bei diesem Gericht ist, alles möglichst lange und bei möglichst niedriger Temperatur zu schmoren.

5. Nach der Garzeit die frischen Champignons im Deckel mit Butterschmalz anbraten und in den Dutch Oven geben. Dort 5 Minuten mitschmoren und dann kann das Gericht serviert werden.

Zu den Tauben passen Baguette und der Wein, der auch beim Kochen Verwendung fand.

Ganzer Frischling im Dutch Oven

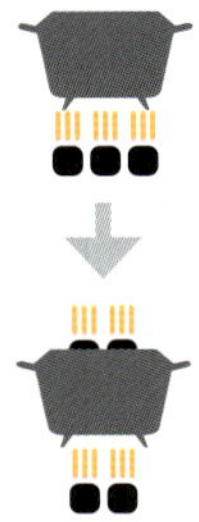

Jäger haben häufig Probleme damit, die kleinen Frischlinge an den Mann zu bringen. Das hat natürlich Auswirkungen auf den Verkaufspreis, und so kann man als Nichtjäger manches Schnäppchen machen.
Ein Frischling mit bis zu 12 kg passt zerlegt problemlos in einen ft12 von Petromax. Die kleineren Frischlinge mit Steifen passen sogar unzerlegt im Ganzen hinein, dann aber eher in „Embryonalstellung".

ZUTATEN FÜR 5 PERSONEN

3–4 kg Wildbret mit Knochen
Fett zum Braten
1 Flasche Rotwein
2 Karotten
Sellerieknolle (Apfelgröße)
5 Zwiebeln
1 Stange Lauch
1 EL Senf
5 EL Preiselbeeren
Pfeffer und Salz
Brühe oder Wasser zum Nachgießen

HINWEIS

Dieses Gericht können Sie leicht skalieren, falls der Frischling kleiner oder größer sein sollte. Pro Person können Sie mit 1–1,5 kg mit Fell bzw. Schwarte rechnen. Hier gilt: Je kleiner der Frischling, desto mehr Gewicht benötigen Sie, weil das Verhältnis von Fleisch zu Knochen, ungünstiger ist. Bei Fleisch mit Knochen aber ohne Fell können Sie mit 700 Gramm pro Person rechnen. Hier verwenden wir einen Frischling ohne Kopf und Schwarte mit gut 3 kg.

SO WIRD'S GEMACHT

1. Je nach Größe müssen Sie den Frischling zerlegen und so viele Knochen wie möglich herausschneiden. Besonders die langen Beinknochen sind im Dutch Oven sehr störend. Werfen Sie die Knochen aber nicht weg, sondern zersägen Sie die Röhrenknochen und braten diese aus. Kleine Frischlinge mit 3–4 kg können Sie im Ganzen garen.

2. Heizen Sie den Dutch Oven und, falls Sie für das Fleisch mehr Platz benötigen, den Deckel sehr heiß auf und braten Sie das Fleisch an, sodass es auf beiden Seiten schön gebräunt ist. Dann geben Sie das Fleisch vom Deckel mit in den Topf und löschen den Bratensatz mit Rotwein ab, kochen Sie ihn auch im Deckel los und geben ihn in den Topf. Dazu kommt das Gemüse, der Senf und die Preiselbeeren, gerne auch mehr. Würzen Sie mit Pfeffer und Salz, gießen Sie den restlichen Rotwein dazu und füllen Sie mit Brühe oder Wasser auf, bis das Fleisch halb bedeckt ist.

3. Schmoren Sie das Fleisch ½ Stunde, schichten Sie gegebenenfalls die Fleischstücke um, sodass das untere nach oben kommt. Nach einer weiteren Stunde sollten Sie prüfen, ob sich das Fleisch schon von den Knochen löst. Im Zweifel lieber etwas länger garen, als dass es noch nicht richtig weich ist. Bei Jungtieren sollte aber spätestens nach 1 ½ Stunden alles fertig sein.

4. Zum Fertigstellen nehmen Sie das Fleisch und die Knochen aus dem Topf und legen es auf dem umgedrehten Deckel mit einigen Kohlen darunter – dadurch bleibt es warm. Für die Sauce können Sie jetzt entweder das Gemüse entnehmen und dann die Flüssigkeit andicken, oder Sie pürieren das Gemüse im Dutch Oven mit einem Stabmixer. Letzteres gibt eine sehr gehaltvolle und sämige Sauce.

5. Zum Servieren geben Sie entweder das Fleisch auf eine große Platte und übergießen es mit Sauce, oder Sie präsentieren es gleich auf dem Deckel und jeder nimmt sich etwas von dem Fleisch und der Sauce direkt aus dem Dutch Oven.

Servieren Sie dazu Brot, Klöße oder Spätzle.

Schnitzelpfanne

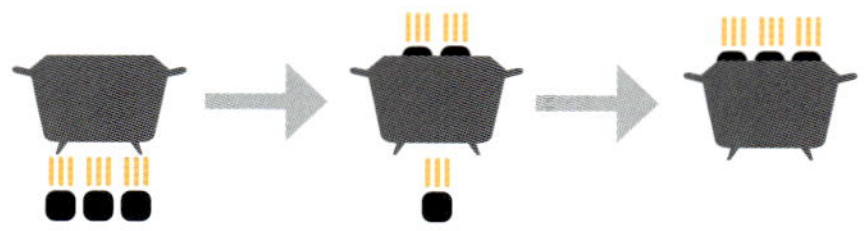

Ein tolles Partygericht, das immer gut ankommt und sich super vorbereiten lässt. Sie können Wildschwein verwenden, aber auch andere Wildarten sind geeignet. Mit Fleisch vom Nacken wird das Gericht etwas herzhafter.

ZUTATEN FÜR 6–8 PERSONEN

2 kg Schnitzelfleisch vom Wildschwein, geht aber auch mit anderen Wildarten
Fett zum Braten
4 große Zwiebeln, in Würfel geschnitten
250 g geräucherter Bauchspeck, in Würfel geschnitten
1 kg frische Champignons, in Scheiben geschnitten
Pfeffer und Salz
12 Scheiben Chesterkäse
3 Stangen Lauch, den weißen Teil in Ringe geschnitten
1 l Schlagsahne
1 EL Currypulver (nach Geschmack auch mehr)
2 EL Paprikapulver, rosenscharf
400 g Reibkäse

SO WIRD'S GEMACHT

1. Geben Sie Fett in den Dutch Oven und braten Sie die Zwiebeln, den Speck und die Champignons an. Nehmen Sie anschließen alles aus dem Topf.

2. Schneiden Sie aus dem Fleisch dünne Schnitzel und würzen Sie diese mit Pfeffer und Salz. Sie können die Schnitzel anbraten, damit sie mehr Farbe bekommen, aber Sie können diesen Schritt auch weglassen – das Fleisch wird auf jeden Fall gar.

3. Schichten Sie die dünnen Schnitzel in den Dutch Oven und belegen Sie diese mit den Käsescheiben. Dabei kann das Fleisch ruhig etwas an der Wand hochstehen. Geben Sie die angebratene Zwiebel-Speck-Champignon-Masse über die Schnitzel und fügen Sie dann die rohen Lauchringe hinzu.

4. Mischen Sie die Sahne mit Pfeffer, Salz, dem Curry- und dem Paprikapulver und geben Sie diese Mischung zu den anderen Zutaten in den Dutch Oven. Mit wenig Hitze von unten und mittlerer Hitze auf dem Deckel 1½ Stunden backen, bis das Fleisch schön weich ist.

5. Streuen Sie in der letzten Viertelstunde der Backzeit den Käse über das Gericht. Nehmen Sie die Kohlen von unten weg und legen Sie sie zusätzlich auf den Deckel, damit alles schön gratiniert.

Dazu passen Nudeln oder ein frisches Baguette.

Sauen im Mais

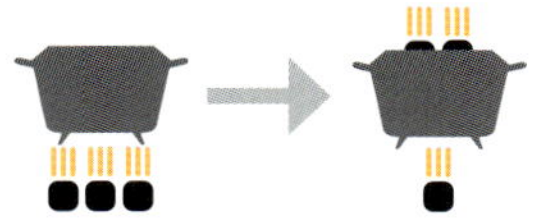

Dass die Schwarzkittel in Maisfeldern viel Schaden anrichten, ist hinlänglich bekannt. Dass man die Liebe der Sauen zum Mais über deren Tod hinaus tragen kann, ist aber noch nicht bekannt.

ZUTATEN FÜR 4–6 PERSONEN

1 kg Wildschweinfleisch (Schulter, Nacken), in Scheiben geschnitten
Fett zum Anbraten
1 kg grobe, frische Wildschwein-Bratwurst, gerne sehr scharf gewürzt, etwa 8 Stück
Mehl zum Bestäuben
1 l Rahmsauce selbstgemacht oder Fertigsauce
4 Maiskolben (vakuumverpackt aus dem Supermarkt oder Dose) halbiert
4 große Kartoffeln, in Würfel geschnitten
1–2 große Zwiebeln, in Würfel geschnitten
2–3 Knoblauchzehen, in Würfel geschnitten
einige Jalapeñoringe aus dem Glas oder frische Jalapeños, nach Geschmack
Pfeffer und Salz,
Grillgewürz nach Wahl

Für die Rahmsauce:
500 ml Brühe oder Wildfond
500 ml Sahne
Pfeffer und Salz
Speisestärke, falls nötig

ft6

SO WIRD'S GEMACHT

1. Braten Sie die Wildschweinscheiben im Dutch Oven an, dabei sollen sie aber lediglich etwas Farbe bekommen. Wenden Sie die Bratwürste in Mehl und braten Sie diese an, bis sie Farbe bekommen. Stellen Sie beides warm.

2. Bereiten Sie die Rahmsauce zu, indem Sie die vier Zutaten kurz aufkochen und gegebenenfalls mit etwas Speisestärke binden. Sie können auch eine fertige Rahmsauce verwenden.

3. Halbieren Sie die Maiskolben und gießen Sie ⅓ der Sauce in den Dutch Oven. Stellen Sie die Maiskolbenhälften an den Innenrand des Topfes, dazwischen stellen Sie je eine halbe Wurst. In die Mitte geben Sie die gewürfelten Kartoffeln und darüber die Zwiebeln, den Knoblauch und die Peperoni beziehungsweise Jalapeños und würzen mit Pfeffer und Salz. Dann kommt das nächste Drittel der Sauce in den Dutch Oven.

4. Auf die Gemüse kommen die angebratenen Nackenscheiben, die Sie gut mit einem Grillgewürz Ihrer Wahl würzen. Auf das Fleisch kommt das letzte Drittel der Sauce.

5. Mit wenig Hitze von unten und mittlerer Hitze von oben garen Sie alles 1½ Stunden. Dann schichten Sie das Fleisch um, sodass auch die angedickte Sauce nach unten zum Topfboden gelangt. Mit frischen Kohlen lassen Sie den Dutch Oven ½ Stunde kochen.

Dieses Rezept besteht aus Beilagen, Fleisch und Sauce, sodass ein kaltes Bier und ein Stück Brot für die Sauce zum Servierern ausreichen.

Hirschfilet Wellington

Filet Wellington ist ein echter Klassiker, der sehr schmackhaft mit Wildfleisch zubereitet werden kann. Da die Dicke von Filets nicht normiert ist, sollten Sie ein möglichst dickes Stück wählen, denn sonst ist der Braten für einen ft9 zu lang.

ZUTATEN FÜR 4–6 PERSONEN

1 kg Rückenfilet vom Damhirsch
2 EL Olivenöl
1 Schalotte, in Würfel geschnitten
½ TL Salz
Pfeffer
2 EL Butterschmalz
250 g Pilze (z. B. Champignons, Steinpilze, Pfifferlinge)
1 EL Petersilie, frisch, fein gehackt
1 EL Thymian, frisch, fein gehackt
1 EL Majoran, frisch, fein gehackt
100 ml trockener Weißwein
10 Scheiben Bacon
400 g Blätterteig
Mehl
1 Eigelb, verquirlt

ft9

SO WIRD'S GEMACHT

1. Parieren Sie das Filet, würzen Sie es rundherum mit Pfeffer und Salz und braten Sie es von allen Seiten im Dutch Oven in dem Olivenöl an, bis es gut gebräunt ist – das Durchgaren erfolgt später. Stellen Sie das Fleisch zur Seite.

2. Braten Sie die Schalotten mit dem Salz und etwas Pfeffer in dem Butterschmalz an. Geben Sie die Pilze dazu. Sobald sie viel Flüssigkeit verloren haben und gebräunt sind, streuen Sie die Kräuter darüber, löschen Sie mit dem Weißwein ab und lassen diesen verdampfen. Zerkleinern Sie die Masse mit einem Zauberstab.

3. Legen Sie eine Frischhaltefolie, die deutlich größer als das Filet sein muss, auf die Arbeitsfläche. Legen Sie den Speck darauf so aus, dass er das Filet nach dem Zusammenrollen komplett umschließen kann. Bestreichen Sie den Speck mit der Pilzmasse und legen Sie das angebratene Fleisch an die untere Kante. Mit Hilfe der Frischhaltefolie rollen Sie das Fleisch mit der nun daran haftenden Pilzmasse und der Speckschicht zu einer Rolle. Verdrehen Sie die Enden der Folie, sodass die Rolle stramm und fest zusammenhält. So lassen Sie die Filetrolle ½ Stunde im Kühlschrank ruhen.

4. Legen Sie die Blätterteigplatten auf einer bemehlten Arbeitsfläche aus und platzieren Sie die Rolle (ohne Frischhaltefolie) darauf. Schlagen Sie den Teig über die Rolle und kleben Sie alle Seiten mit Eigelb zusammen, damit das Paket möglichst dicht wird. Drehen Sie die Rolle auf die Nahtstelle und bepinseln Sie die Oberseite mit Eigelb.

5. Zum Backen legen Sie das Paket auf Backpapier, dass an beiden Enden etwas hochsteht, sodass Sie daran das Filet nach dem Backen problemlos aus dem Dutch Oven heben können. Backen Sie 20 Minuten mit wenig Hitze von unten und mittlerer Hitze von oben. Prüfen Sie dann die Kerntemperatur und backen Sie weiter, bis der Fleischkern 57 °C erreicht hat.

6. Nehmen Sie das Filet Wellington an dem Backpapier aus dem Dutch Oven und lassen Sie es 10 Minuten ruhen.

Als Beilagen bietet sich ein frischer Salat, Kartoffelgratin oder Herzoginkartoffeln an.

Wildleberkäse ohne Kutter

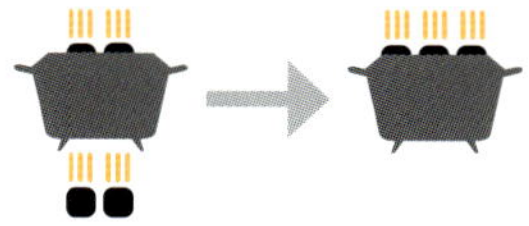

Leberkäse heißt eigentlich Fleischkäse, weil keine Leber darin verarbeitet wird. Ein schöner Leberkäse lässt sich in einer Petromax-Kastenform herstellen, diese fasst bis zu 1,5 kg Brät, ist mit 1 kg aber gut ausgelastet. Gebacken wird mit der Form ohne Deckel in einem ft12. Bei dem Brät handelt es sich technisch gesehen um eine Brühwurst, die reichlich Fett enthalten muss, das zwingend vom Hausschwein stammt.

ZUTATEN FÜR 4 PERSONEN

Zutaten für 1 kg Brät:
400 g Wildfleisch, am besten von der Schulter (Wildschwein oder andere Schalenwildarten)
300 g Schweinebacke ohne Schwarte (Hausschwein)
100 g Schweinerückenspeck (Hausschwein)
200 g Eis oder eiskaltes Wasser

Gewürze pro kg Masse:
40 g Zwiebel, in wolfgerechte Stücke geschnitten
21 g Nitritpökelsalz
4 g Pfeffer
1 g Knoblauchpulver
1 g Ingwerpulver
2 g Majoran
1 g Muskat
1 g Macis
5 g Kutterhilfsmittel, alternativ Backpulver

SO WIRD'S GEMACHT

1. Schneiden Sie das Fleisch und das Fett in wolfgerechte Stücke und kühlen Sie alles gut vor. Lassen Sie das Fleisch und das Fett mit der Zwiebel durch einen Fleischwolf mit einer 3-mm-Scheibe. Das gewolfte Fleisch lassen Sie dann ein zweites Mal durch die 3-mm-Scheibe.

2. Geben Sie das durchgelassene Fleisch in eine Küchenmaschine und fügen Sie das Salz, die Gewürze, das Kutterhilfsmittel und die Hälfte des Eiswassers hinzu. Kneten Sie das Brät auf niedriger Stufe, bis es eine gute Bindung bekommen hat. Gießen Sie dann die zweite Hälfte des Eiswassers dazu und kneten Sie mit der höchsten Geschwindigkeit, bis das Brät glänzt, aber höchstens eine Temperatur von 12 °C besitzt.

3. Nehmen Sie eine Petromax-Kastenform und feuchten Sie diese an. Schlagen Sie das Brät mit feuchten Händen und Schwung in die Form, um Lufteinschlüsse zu vermeiden. Streichen Sie die Oberfläche mit feuchten Händen glatt.

4. Stellen Sie die Kastenform in einen ft12 und heizen Sie mit mittlerer Hitze von oben und unten, bis der Leberkäse eine Kerntemperatur von 75 °C erreicht hat. Das sollte nach etwa 90 Minuten der Fall sein. Hier gibt es aber viele Unwägbarkeiten, daher verlassen Sie sich besser auf das Thermometer und weniger auf die Zeitangabe. Sollte der Braten noch zu blass sein, geben Sie einfach die restliche Kohle von unten mit auf den Deckel und sorgen so für eine appetitlich braune Kruste.

Als Beilage für den frischen Leberkäse aus der Kastenform ist nur ein frisches Brötchen und etwas süßer Senf nötig, dazu passt natürlich Weißbier. Am zweiten Tag können Sie die übrigen Scheiben in der Pfanne krossbraten und mit einem Spiegelei und Kartoffelpüree servieren.

Hirschrouladen

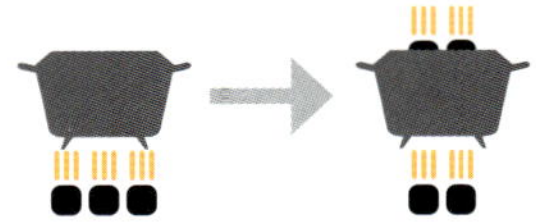

Wildrouladen sind nicht so einfach zuzubereiten, weil das Tier eine gewisse Größe haben muss, damit die Oberschale, aus der man die Rouladen schneidet, auch groß genug ist, damit man sie sauber wickeln kann. Sie werden nicht umhinkommen, das Fleisch mit einem Plattiereisen oder mit einer schweren Pfanne zu plattieren, bevor Sie es verwenden.

ZUTATEN FÜR 4 PERSONEN

1 kg Rouladen vom Hirsch

Für die Füllung:
200 g Speck, in feine Würfel geschnitten
1 EL Butterschmalz zum Anbraten
2 Zwiebeln, in feine Würfel geschnitten
2 Gewürzgurken, in feine Würfel geschnitten
Senf
Pfeffer und Salz (oder Wildgewürz)

Zum Braten:
2 EL Butterschmalz
2 Zwiebeln, in grobe Würfel geschnitten
2 Karotten, in grobe Scheiben geschnitten
1 Stück Sellerie
1 EL Tomatenmark
1 Glas trockener Rotwein
500 ml Wildfond
Pfeffer und Salz
2 EL Pilzpulver
2 EL Paprikapulver, rosenscharf
1 Prise Zucker
etwas Sahne (oder Saucenbinder)

ft6 oder ft9

TIPP

Sie können die Rouladen am Vorabend zubereiten und anbraten, sodass das eigentliche Schmoren am nächsten Tag erfolgen kann. Dadurch müssen Sie nicht so früh mit dem Kochen beginnen, da Sie die aufwendigen Vorbereitungen bereits erledigt haben.

SO WIRD'S GEMACHT

1. Legen Sie das Rouladenfleisch auf ein Schneidbrett und bedecken Sie Ersteres mit einer aufgeschnittenen Vakuumtüte. Dann plattieren Sie das Fleisch vorsichtig.

2. Für die Füllung braten Sie im Dutch Oven den Speck an und geben dann die Zwiebeln dazu. Nehmen Sie die Masse aus dem Topf und mischen Sie die Gewürzgurken darunter.

3. Legen Sie das plattierte Rouladenfleisch auf ein Schneidbrett und bestreichen Sie es mit Senf, geben Sie dann etwas von der Füllung darauf und würzen Sie abschließend alles kräftig mit Pfeffer und Salz oder einem Wildgewürz Ihrer Wahl. Rollen Sie die Roulade ein und binden Sie diese mit Küchengarn zusammen. Verfahren Sie mit dem übrigen Fleisch auf dieselbe Weise.

4. Zum Anbraten geben Sie frisches Butterschmalz in den Dutch Oven und braten die Rouladen von allen Seiten scharf an. Stellen Sie das Fleisch anschießend im Deckel warm.

5. Geben Sie die Zwiebeln, die Karotten und den Sellerie dazu und braten alles zusammen kräftig an. Schieben Sie eine Stelle auf dem Topfboden frei und braten Sie dort das Tomatenmark kurz mit an. Löschen Sie mit dem Rotwein ab und lassen Sie diesen etwas reduzieren. Gießen Sie den Wildfond an und lösen Sie durch rühren den Bratensatz. Würzen Sie diese Sauce mit Pfeffer, Salz, dem Pilzpulver, dem Paprikapulver und dem Zucker.

6. Geben Sie die Rouladen zurück in den Dutch Oven, sie sollten wenigstens zur Hälfte in der Sauce liegen. Die Kochzeit beträgt mindestens 2 Stunden – besser sind 3 Stunden. Während des Schmorens sollten Sie die Rouladen ab und zu wenden und prüfen, ob das Fleisch schon mürbe geworden ist.

7. Kurz vor dem Servieren binden Sie die Sauce mit einem Schuss Sahne oder mit Saucenbinder.

Als Beilage passen Knödel oder Spätzle mit Rotkohl und Rotweinbirnen.

Krautfleisch vom Wildschwein

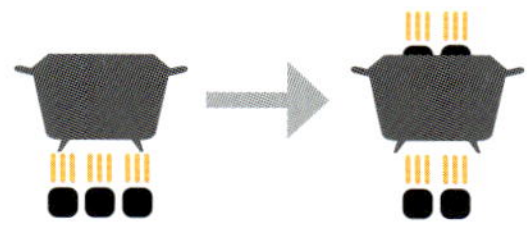

Wildschwein und Weißkohl passen einfach gut zusammen. Das Wickeln von Kohlrouladen ist aber nicht ganz einfach, was liegt also näher, als die Zutaten einfach im Dutch Oven zusammen zuzubereiten? Das Gericht ist einfach und schnell zubereitet und auch für die Alltagsküche gut geeignet. Das Krautfleisch eignet sich aber auch zum erneuten Aufwärmen oder um portionsweise eingefroren zu werden, sodass Sie nur einmal kochen und mehrere Mahlzeiten erhalten. Vervielfachen Sie dazu einfach die Mengen in der Zutatenliste.

ZUTATEN FÜR 4 PERSONEN

1 kg Wildschwein-Kochwildbret (Bauch, Schulter)
1 kg Weißkohl
125 g Rippenspeck, in Würfel geschnitten
2 Zwiebeln, in Würfel geschnitten
1 Knoblauchzehe, in sehr feine Würfel geschnitten
1 TL Zucker
1 TL gemahlener Kümmel, nach Geschmack
Pfeffer und Salz
2 EL Tomatenmark
1 l Wildfond
1 mehligkochende Kartoffel zum Binden

SO WIRD'S GEMACHT

1. Schneiden Sie das Fleisch und den Weißkohl in Streifen, etwa so lang und dick wie ein kleiner Finger.

2. Schwitzen Sie den Speck, die Zwiebeln und den Knoblauch im Dutch Oven an. Geben Sie den Zucker, den Kümmel, Pfeffer und Salz sowie das Tomatenmark dazu und löschen Sie mit dem Wildfond ab.

3. Geben Sie das Wildfleisch und den Kohl dazu, rühren Sie alles gut durch und garen Sie alles ½ Stunde mit mittlerer Hitze von unten und oben.

4. Reiben Sie die Kartoffel in den Dutch Oven, um die Sauce zu binden. Rühren Sie kräftig um und garen Sie alles eine weitere ½ Stunde, gegebenenfalls länger, falls das Fleisch noch nicht weich sein sollte.

Zu diesem rustikalen Essen passen hervorragend Salzkartoffeln und ein eiskaltes Bier.

TIPP

Sie können das Kochwildbret viel besser sortieren, wenn Sie es zuerst abkochen, bis es überall – auch innen – grau geworden ist. So wird es fester und die Blutreste werden schwarz. Jetzt können Sie alles, was Sie nicht essen möchten, wegschneiden. Die Kochbrühe sollten Sie allerdings nicht weiter verwenden. Über die aussortierten Stücke freut sich der Hund, der das abgekochte Wildschweinfleisch problemlos fressen kann. Durch das Abkochen des Fleisches besteht keine Gefahr durch die Aujeszkysche Krankheit mehr, die für Hunde tödlich verläuft und die in den Wildschweinbeständen immer mal wieder auftritt – für den Menschen ist sie ungefährlich.

Mostbraten

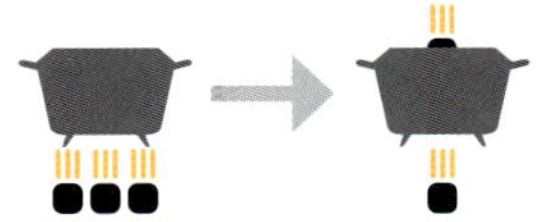

Ein schöner Dutch-Oven-Schmorbraten vom Hirsch mit einem selbstgemachten Apfelwein ist ein Hochgenuss und steht einem Braten aus dem heimischen Ofen in nichts nach – im Gegenteil. Sie können die Kartoffeln gleich mit im Dutch Oven garen, so erhalten Sie eine komplette Mahlzeit aus einem Topf.

ZUTATEN FÜR 6–8 PERSONEN

2 kg Bratenstück vom Rotwild
Pfeffer und Salz
Fett zum Anbraten
2 große Zwiebeln, in grobe Würfel geschnitten
Wurzelgemüse (Karotten, Sellerie, etc.), in grobe Würfel geschnitten
1 l Apfelwein (Most)
1 kg Kartoffeln, geschält

ft9

SO WIRD'S GEMACHT

1. Würzen Sie das Fleisch mit Pfeffer und Salz und braten Sie es im Deckel des Dutch Ovens von allen Seiten scharf an.

2. Geben Sie das angebratene Fleisch und alle anderen Zutaten, bis auf die Kartoffeln, in den Topf und gießen Sie den Apfelwein dazu. Nach 2–3 Stunden sollte der Braten mürbe sein, ansonsten garen Sie ihn noch etwas länger.

3. Etwa ½ Stunde vor dem Ende der Garzeit geben Sie die Kartoffeln mit in den Topf. Neue Kartoffeln müssen nicht geschält werden, hier reicht kräftiges Abbürsten.

4. Die Sauce können Sie durch ein Sieb geben und mit Saucenbinder andicken oder Sie pürieren das Gemüse mit einem Zauberstab und erhalten ebenfalls eine schön dicke Sauce.

Als Beilage passt Rotkohl, Rosenkohl oder Rahmwirsing, die Kartoffeln befinden sich ja bereits im Dutch Oven.

HINWEIS

Most oder Apfelwein ist in einigen Teilen Deutschlands immer noch ein Alltagsgetränk und in diesen Gegenden ist die Streuobstwirtschaft noch gut vertreten. In anderen Gegenden ist der Apfelwein unbekannt und somit verschwanden über die Zeit auch die Streuobstwiesen und damit die alten Apfelsorten. Unter dem Motto „Schutz durch Nutzung“ werden überall wieder Streuobstwiesen angelegt, deren alte Sorten für Allergiker oft gut verträglich sind. Meist wird nur Apfelsaft daraus gepresst, aber dieser lässt sich mit wenig Aufwand selber zu Apfelwein keltern.

Ossobuco von Rehhaxen

Die Haxen vom Reh sind ein eher günstiges Teilstück, falls man sie überhaupt bekommt. Als Reh-Hammer zugeschnitten sind sie auch etwas für das Auge und in der Art eines Ossobuco zubereitet ein Genuss durch das lange Schmoren.

ZUTATEN FÜR 2 PERSONEN

4 Rehhaxen, zum Hammer geschnitten (siehe Kasten)
Mehl zum Bestäuben
Öl zum Anbraten
2 Zwiebeln, in Würfel geschnitten
1 Knoblauchzehe, fein gehackt
3 Karotten, in feine Würfel geschnitten
1 Stück Sellerie, in feine Würfel geschnitten (etwa so viel wie die Karotten)
1 Stange Lauch, in Ringe geschnitten
1 Zweig Rosmarin
1 Zweig Thymian
1 Glas Rotwein (oder dunkles Bier, je nach Geschmack)
500 ml passierte Tomaten
500 ml Wildfond
Pfeffer und Salz

SO WIRD'S GEMACHT

1. Heizen Sie den Dutch Oven mit starker Hitze von unten vor. Wälzen Sie das Fleisch in Mehl und braten Sie es im Öl an. Stellen Sie die angebratenen Rehhaxen warm. Geben Sie frisches Öl in den Dutch Oven und braten Sie die Zwiebeln glasig. Geben Sie anschließend den Knoblauch dazu.

2. Sobald die Zwiebeln leicht gebräunt sind, geben Sie die Karotten und den Sellerie dazu und braten es mit an. Zum Schluss kommen der Lauch, der Rosmarin und der Thymian in den Dutch Oven.

3. Löschen Sie mit dem Wein beziehungsweise Bier ab und lassen Sie die Masse erst einmal aufkochen. Dann gießen Sie die passierten Tomaten und den Wildfond dazu und geben die Haxen wieder zurück in die Sauce. Würzen Sie mit Pfeffer und Salz und schmoren Sie die Haxen wenigstens 2 Stunden – besser noch länger. Prüfen Sie aber zwischendurch, ob die Sauce anbrennt und wie weich das Fleisch ist.

4. Vor dem Servieren müssen Sie die Sauce noch einmal kontrollieren, sie sollte nicht zu fest und nicht zu flüssig sein. Schmecken Sie alles noch einmal mit Pfeffer und Salz ab und entfernen Sie die Kräuterzweige.

Zum Anrichten geben Sie einen großzügigen Löffel Polenta oder frische Pasta auf den Teller und dazu eine Haxe und reichlich von der Sauce. Dazu passt der zum Kochen verwendete Rotwein beziehungsweise das verwendete Bier.

REH-HAMMER

Mit der BBQ-Bewegung haben sich auch neue Fleischzuschnitte in Deutschland etabliert. Der Beef-Hammer ist ein Stück Unterschenkel, bei dem das Fleisch an einem Teil des Knochens entfernt wird, um wie ein Hammer mit Stiel auszusehen. Das können Sie auch mit etwas Geschick mit Reh-, Wildschwein- oder Hirsch-Unterschenkeln machen. Dazu schneiden Sie die Unterschenkel von der Keule ab und sägen das andere Ende vom Knochen sauber ab. Etwa auf der Hälfte des Knochens schneiden Sie einmal rundum bis auf den Knochen runter und entfernen den dünnen Fleischteil. Den dicken Teil sollten Sie mit einem Bindfaden zusammenbinden, damit es seine Form behält.

Wildes Stroganoff

Dieses Gericht ist ein echter Klassiker und es lässt sich schnell zubereiten. Wichtig ist die Qualität des Fleisches, denn es muss unbedingt zum Kurzbraten geeignet sein. Auch sollte das gewählte Tier nicht zu klein sein, Dam- oder Rotwild ist besser geeignet als Kaninchen. Dank der Sauce ist es auch eine Abwechslung zu den anderen kurzgebratenen Gerichten. Der Dutch Oven muss extrem heiß sein, damit das Gericht fertig ist, bevor die Fleischstreifen zu weit durchgegart sind und somit zäh und trocken werden. Sie können für das Rezept auch selbstgesammelte Pilze verwenden, was es auch für die Jagdhütte geeignet macht. Alle anderen Zutaten sind haltbar, sogar die saure Sahne gibt es als haltbare Variante in Tetra Packs. So ist speisen auf höchstem Niveau auch unter einfachsten Bedingungen möglich. Ein Filet vom selbst geschossenen Stück, dazu selbst gesammelte Pilze direkt an der Jagdhütte zubereitet – besser und natürlicher geht es nicht.

ZUTATEN FÜR 4 PERSONEN

1 kg Filet oder Rückenfilet (z. B. vom Reh, Hirsch oder Sau)
Butterschmalz zum Braten
400 g Champignons oder Waldpilze
1 Zwiebel, in Ringe geschnitten
1 Knoblauchzehe, in feine Würfel geschnitten
1 EL Tomatenmark
1 EL Dijon-Senf
1 Tasse Wildfond
200 ml saure Sahne
Paprikapulver, rosenscharf
Pfeffer und Salz

ft6

SO WIRD'S GEMACHT

1. Schneiden Sie das Fleisch in Streifen von der Größe eines kleinen Fingers und braten Sie es im heißen Butterschmalz rundum schön braun an. Nehmen Sie es aus dem Dutch Oven und stellen Sie es warm.

2. Geben Sie neues Butterschmalz in den Dutch Oven und braten Sie die Pilze ebenfalls rundum braun an. Die Pilze sollten ähnlich groß geschnitten werden wie das Fleisch. Dann stellen Sie die Pilze ebenfalls warm.

3. Geben Sie die Zwiebeln in den Dutch Oven und braten Sie diese goldgelb an, anschließend schwitzen Sie den Knoblauch kurz mit an. Geben Sie das Tomatenmark und den Senf dazu.

4. Löschen Sie den Bratensatz mit dem Wildfond ab und kochen Sie ihn los, dann kommen die Pilze und das Fleisch zurück in den Dutch Oven. Das Fleisch soll nur wieder auf Temperatur kommen, also nicht lange köcheln lassen.

5. Nehmen Sie den Dutch Oven von den Kohlen und geben Sie die Sahne dazu und schmecken Sie mit Paprikapulver, Pfeffer und Salz ab.

Servieren Sie das Wilde Stroganoff mit Reis, Nudeln oder einfach mit einem frischen Baguette.

Wildschwein mit Bohnen im Texas Style

In Texas sind Wildschweine eine Landplage und werden im großen Stil von Hubschraubern aus gejagt. Pork and Beans ist dort ein bekanntes und beliebtes Gericht, wofür sich auch Schulter eignet, die sclange gekocht wird, bis sie vom Knochen fällt. Die Schulterstücke sollten allerdings nicht zu klein sein, da sie oftmals durch den Schuss in Mitleidenschaft gezogen werden – darum bekommt man aus einer Schulter nicht immer perfekte Bratenstücke, sondern Einzelteile, die sich mit folgendem Rezept gut verwerten lassen. Durch das lange Schmoren werden auch die ansonsten störenden Sehnen und Bindegewebe weich und essbar. Dieses Gericht ist gut für große Mengen geeignet, es lässt sich auf Vorrat oder für eine größere Gruppe kochen. Daher ist dieses Gericht auch bei den Cowboys auf den Viehtrecks beliebt und wird auf dem Chuckwaggon zubereitet.

ZUTATEN FÜR 4 PERSONEN

1,5 kg Wildschweinschulter mit Knochen
Grillgewürz nach Wahl (z. B. Magic Dust s. S. 60)
300 g Rippenspeck, in grobe Würfel geschnitten
Fett zum Braten
2 Zwiebeln, in Würfel geschnitten
1 Tasse Selleriewürfel
2 Karotten, in Würfel geschnitten
je 1 rote, grüne und gelbe Paprika, in Würfel geschnitten
1 l Brühe zum Aufgießen
1 große Dose Tomaten, in kleine Stücke geschnitten
2 große Dosen Bohnen oder entsprechend kleine Dosen. Sorte ist egal, weiße Bohnen, Baked Beans, Chili- oder Kidneybohnen – die Vielfalt macht es
Chilischoten nach Geschmack
Pfeffer und Salz

ft9

SO WIRD'S GEMACHT

1. Würzen Sie die Wildschweinschulter großzügig mit einem Grillgewürz Ihrer Wahl und braten Sie sie im Dutch Oven mit dem Rippenspeck zusammen scharf von allen Seiten an.

2. Nehmen Sie die Schulter und den Speck aus dem Dutch Oven und braten Sie das Gemüse ebenfalls scharf an.

3. Geben Sie das Fleisch und den Speck zurück in den Dutch Oven, gießen Sie die Brühe an und schmoren Sie die Schulter, bis das Fleisch vom Knochen fällt. Das dauert je nach Alter des Stücks 2–3 Stunden.

4. Nehmen Sie das Fleisch und den Speck erneut aus dem Topf und stellen Sie es beiseite. Geben Sie die Tomaten und die Bohnen in den Dutch Oven und lassen Sie das Ganze leicht köcheln. Schärfen Sie mit Chilischoten wie es Ihnen gefällt, aber vorsichtig.

5. In der Zwischenzeit rupfen Sie das Fleisch in grobe Stücke und geben es zurück in den Dutch Oven. Lassen Sie das Fleisch heiß werden und schmecken Sie noch einmal mit Pfeffer und Salz ab.

In Texas isst man dieses Gericht üblicherweise mit Reis.

NOSE-TO-TAIL – AUCH IN WENIGER EDLEN TEILEN STECKT EINE MENGE GESCHMACK

Stew aus Herzen und Zungen

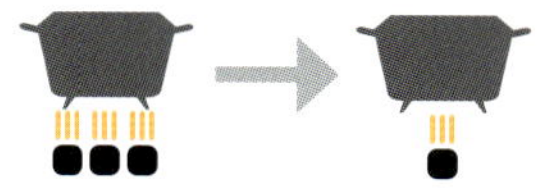

Herz und Zunge sind Innereien, die nur selten verwendet werden. Das ist sehr schade, denn es handelt sich um saubere Muskeln, die jedoch lange gekocht werden müssen, um richtig weich zu werden. Beide Muskeln haben in einem Stew in etwa dieselben Garzeiten. Sie können Herzen und Zungen von Rehwild, Rotwild, Damwild oder Schwarzwild verwenden. Da sich diese Muskeln in ihrer Größe stark unterscheiden, nehmen Sie von Herz und Zunge jeweils etwa 1 kg für etwa 6 Personen.

ZUTATEN FÜR 6 PERSONEN

1 kg Herz
1 kg Zunge
Wasser zum Kochen
5 Pfefferkörner
5 Pimentkörner
3 EL Salz
2 Lorbeerblätter
2 Zwiebeln
2 Knoblauchzehen
1 Stange Lauch
2 Karotten

Für die Sauce:
2 EL Butter
1 Zwiebel, in feine Würfel geschnitten
3 EL Tomatenmark
3 EL Mehl zum Bestäuben
2 EL Paprikapulver, edelsüß
1 EL Zucker
1 Zitrone, Saft
Pfeffer, Salz
2 Becher Sahne

SO WIRD'S GEMACHT

1. Putzen Sie die Zungen und die Herzen unter fließendem Wasser. Geben Sie die Gewürze, das Gemüse und das Fleisch in reichlich Wasser und kochen Sie es. Wegen der unterschiedlichen Größe – Zungen vom Rehwild oder Zungen vom Rothirsch – kann keine genaue Zeitangabe für den Kochvorgang gemacht werden. Die Zungen sind weich genug, wenn Sie die Spitze mit Ihrem Daumen und Zeigefinger durchdrücken können.

2. Schrecken Sie die Zungen in eiskaltem Wasser ab, bis Sie sie anfassen können. Häuten Sie die Zunge – durch das Abschrecken löst sich die Haut ganz einfach.

3. Schneiden Sie die Zungen und die Herzen in mundgerechte Würfel und stellen Sie diese zur Seite. Gießen Sie die Brühe durch ein Sieb und werfen Sie das Gemüse weg.

4. Für die Sauce geben Sie die Butter in den Dutch Oven und schwitzen die Zwiebel an. Geben Sie anschließend das Tomatenmark hinzu und bestäuben Sie alles mit dem Mehl. Rühren Sie das Mehl gut unter und bräunen Sie es bei niedriger Hitze, bis es eine dunkle Mehlschwitze ergibt.

5. Geben Sie das gewürfelte Fleisch zur Zwiebel-Mehlschwitze und füllen Sie mit der Kochbrühe auf. Würzen Sie mit dem Paprikapulver, dem Zucker, dem Zitronensaft und Pfeffer und Salz.

6. Wenn das Fleisch wieder heiß ist, nehmen Sie den Dutch Oven von der Glut und rühren die Sahne unter.

Zu diesem rustikalen Gericht passen sehr gut Semmelknödel.

Kesselfleisch vom Wildschwein

Kesselfleisch ist genau das Richtige, wenn Sie mit Freunden nach dem Zerwirken des Schwarzkittels eine Stärkung brauchen. Dabei können Sie die weniger edlen Teile und auch einen Teil der Innereien verwenden – so wird alles verwertet. Falls Bauchlappen, Rippen und Schweinebacke zu wenig sein sollten, können Sie auch die Haxen oder einen Teil der Schulter, Herz, Zunge und Nieren verwenden.

ZUTATEN FÜR 4 PERSONEN

Wildschweinkopf, längs in zwei Teile gesägt
Bauchlappen, Rippen, Schweinebacke, Herz, Zunge und Nieren

Suppengemüse (Zwiebel, Karotten, Sellerie, Porree und reichlich Liebstöckel)
Wasser, bis das Fleisch gut bedeckt ist (pro Liter Wasser):
20 g Salz
2 Pfefferkorner
1 Pimentkorn
2 Wacholderbeeren
½ Lorbeerblatt

ft12

TIPP

Sie können statt Liebstöckel auch flüssige Speisewürze – die Saarländer wissen, was ich meine – verwenden.

SO WIRD'S GEMACHT

1. Waschen Sie das Fleisch unter fließendem Wasser und legen Sie es 2 Stunden in gesalzenes Wasser, damit das Blut herausgezogen wird.

2. Geben Sie das Fleisch, die Kopfhälften mit der Schnittfläche nach unten, in den Dutch Oven. Geben Sie das Gemüse und die Gewürze dazu und gießen Sie mit Wasser auf – alles sollte gut bedeckt sein. Lassen Sie noch Platz für das Herz, die Zunge und die Nieren, die erst später hinzugefügt werden. Als Neuling verschätzt man sich schnell bei der Wassermenge und der Würzung, daher sollten Sie das Wasser mit einem Messbecher zugeben, und danach die Gewürzmenge bestimmen.

3. Heizen Sie den Dutch Oven von unten und mit offenem Deckel, um das Wasser zum Kochen zu bringen – leichtes Simmern reicht. Kochen Sie das Fleisch etwa 1½ Stunden, bis es sich von den Knochen löst.

4. Nach ½ Stunde geben Sie das Herz und die Zunge dazu und nach einer weiteren ½ Stunde die Nieren.

SO WIRD'S TRADITIONELL GEGESSEN

Beim Kesselfleischessen ist es wichtig, dass man das Fleisch aus der Brühe nimmt und entweder in einer großen Schüssel auf den Tisch stellt, oder einfach auf dem Schlachtetisch zerteilt und isst.
Jeder bekommt auf einem Holzbrett oder gleich auf dem Tisch ½ Teelöffel Pfeffer und Salz, Senf und Meerrettich aus dem Glas – oder noch besser frisch geriebenen Meerrettich – ausgeteilt. Das Fleisch wird vom Kopf „abgefieselt", ein mundgerechtes Stück in Salz und Pfeffer getunkt und mit Senf oder Meerrettich sofort in den Mund gesteckt.
Aus der Schweinebacke und den Bauchlappen können Stücke geschnitten werden – wie jeder mag. Das Herz wird in mundgerechte Würfel geschnitten und auch so verzehrt. Die Nieren werden längs halbiert, um innen die Nierengängen auszuschneiden. Anschließend in Stücke schneiden und sie können gegessen werden.
Zu diesem geselligen Gericht passt frisches Bauernbrot, kalte Butter und entweder ein Bier oder kalter Apfelwein.

Leber ungarische Art

So mag ich sie am liebsten! Wildleber ist eine Delikatesse, die selten in den Handel kommt, weil sie traditionell dem Erleger zusteht. Leber vom Rehwild hat ein etwas strengeren Geschmack als Leber von Wildschweinen. Eine normale Rehleber wiegt etwa 1–1,5 kg und reicht für 2–3 Personen.

ZUTATEN FÜR 2–3 PERSONEN

1 Rehleber, in gulaschgroße Stücke geschnitten
Fett zum Braten
2 Paprika, in Streifen geschnitten
2 Zwiebeln, in grobe Ringe geschnitten
Paprikapulver, rosenscharf
Pfeffer und Salz
1 Glas Rotwein, trocken (geht auch ohne)
2 Becher Sahne (oder haltbare Sahne)

ft4,5

SO WIRD'S GEMACHT

1. Trocknen Sie die Leber ab. Erhitzen Sie Fett in dem Dutch Oven und braten Sie die Leber scharf an.

2. Geben Sie dann die Paprika und Zwiebeln dazu und braten Sie weiter, bis letztere leicht golden sind. Prüfen Sie, ob die Leber bereits gar ist, indem Sie ein Stück in dem Dutch Oven durchschneiden.

3. Geben Sie erst jetzt das Paprikapulver dazu und würzen alles mit Pfeffer und Salz.

4. Löschen Sie mit dem Rotwein ab und lassen Sie die Masse einmal aufkochen.

5. Nehmen Sie den Dutch Oven von den Kohlen und geben Sie die Sahne dazu, sie sollte nicht mehr aufkochen.

Dazu passt Kartoffelpüree oder Brot.

TIPP

Die Leber vorbereiten
Wässern Sie die Leber zunächst einige Minuten, um das überschüssige Blut abzuspülen. Die Leber besteht aus mehreren Lappen, die Sie häuten können, was aber bei kleinen Tieren nicht unbedingt notwendig ist. Diese Haut liegt auf der Leber auf und lässt sich einfach entfernen, wenn Sie sie an einer Stelle mit einem Messer vorsichtig einschneiden und dann mit den Fingern zwischen der Haut und der Leber entlangfahren. Die Leber besitzt an ihrem dicken Teil Gallengänge, die Sie herausschneiden sollten, falls das einfach möglich ist. Ansonsten schneiden Sie diese erst dann heraus, wenn Sie die Stücke geschnitten haben.
Da Leber sehr unterschiedlich dick ist, müssen Sie beim Schneiden der Stücke darauf achten, dass alle einigermaßen gleich dick sind – auf diese Weise garen sie gleichmäßiger. Die Leber sollten Sie erst nach dem Zubereiten salzen und pfeffern. Früher war das Einlegen in Buttermilch oder Milch üblich, das ist heute nicht mehr der Fall. Besonders Wildschweinleber ist sehr mild, Rehwildleber schmeckt hingegen etwas strenger und sollte 1 Stunde in Wasser liegen.
Noch ein wenig Expertenwissen: Wildschweine haben eine Gallenblase an der Leber, die mit grüner Gallenflüssigkeit gefüllt ist und die entfernt werden muss – was der Jäger aber beim Aufbrechen gleich mit erledigt. Alle Hirscharten besitzen keine Gallenblase.

Wildschwein Grillhaxe

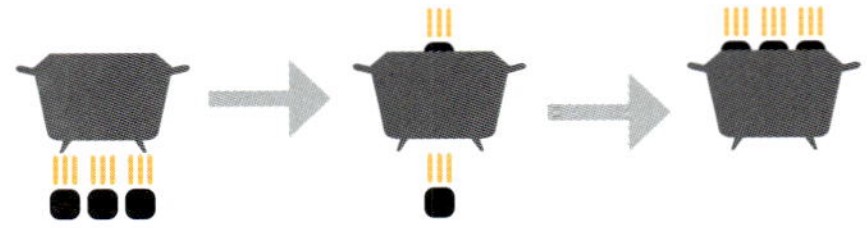

Wildschwein-Eisbeine werden oftmals einfach abgeschnitten und entsorgt, dabei stehen sie einer Grillhaxe vom Hausschwein in nichts nach. Der einzige Unterschied ist das Fehlen der Knusper-Kruste. Um die bei Eisbein typische rosa Farbe zu erzeugen, müssen Sie die Haxen pökeln.

ZUTATEN FÜR 4 PERSONEN

4 Haxen vom Hinterlauf des Wildschweins, je ca. 500–600 g, gerne mehr
Fett zum Braten
4 Zwiebeln, in grobe Ringe geschnitten
2 Karotten, in grobe Scheiben geschnitten
2 Tassen Brühe zum Aufgießen

Für die 6 % Pökellake (pro Liter Wasser):
1 Liter Wasser
64 g Nitritpökelsalz
1 Lorbeerblatt
5 Pfefferkörner
3 Wacholderbeeren
3 Pimentkörner

TIPP

Pökelsalz erhalten Sie im Internet oder in ausgewählten Geschäften.

SO WIRD'S GEMACHT

1. Bereiten Sie die Pökellake je nach Größe der Haxen 3–5 Tage vor der eigentlichen Zubereitung des Gerichtes vor. Geben Sie dafür die Gewürze der Pökellake in 1 Liter Wasser und kochen Sie die Mischung auf. Nach dem Erkalten geben Sie das Pökelsalz dazu. Waschen Sie in der Zwischenzeit die Haxen und legen Sie sie anschließend in die erkaltete Lake.

2. Nach der Pökelzeit nehmen Sie die Haxen aus der Lake und waschen sie ab. Es schadet nicht, wenn Sie die Haxen 1 oder 2 Stunden in frisches Wasser legen – das mildert etwas den Salzgehalt an der äußeren Schicht.

3. Heizen Sie den Dutch Oven mit reichlich Kohlen von unten an und geben Sie etwas Fett hinein. Braten Sie die Haxen von allen Seiten an, bis sie eine schöne Farbe angenommen haben. Nehmen Sie die Haxen aus dem Dutch Oven.

4. Legen Sie den Dutch Oven mit den Zwiebeln und den Karotten aus. Darauf platzieren Sie die Haxen und gießen die Brühe an.

5. Schmoren Sie die Haxen mit wenig Hitze von unten und oben, bis das Fleisch von den Knochen fällt. Bei Frischlingshaxen wird dies etwa 1 Stunde, bei Haxen von älteren Stücken durchaus 2 Stunden, in Anspruch nehmen. Kontrollieren Sie, ob der Dutch Oven in dieser Zeit trockenkocht.

6. Wenn die Haxen schön weich sind, nehmen Sie die Kohlen unten weg und geben so viele Kohlen auf den Deckel, wie draufpassen. Drehen Sie die Haxen so, dass die große Fleischportion oben liegt.

7. Nutzen Sie die starke Oberhitze, um eine schöne Bräunung zu erzeugen.

Als Beilage eignen sich Sauerkraut und Klöße, in Bayern wird eine Haxe traditionell mit Graubrot gegessen.

Spareribs vom Wildschwein

Wildschwein-Rippen sind hervorragend für Spareribs geeignet, weil sie etwas Fett besitzen. Andere Schalenwildarten sind hingegen nicht so gut geeignet. Schneiden Sie die Ribs so, dass immer 2–3 Rippen zusammenbleiben, so sind die Portionen leichter zu handhaben. Ribs sind ein klassisches Gericht für den Smoker, aber im Dutch Oven trocknen die Rippen nicht aus, was ihn gerade für Wild-Ribs ideal macht.

ZUTATEN FÜR 4 PERSONEN

etwa 2 kg Rippen, in Stücke geschnitten
Grillgewürz nach Wahl (z. B. Magic Dust s. S. 60)
2–3 große Zwiebeln, in fingerdicke Scheiben geschnitten
1 Tasse Wasser
BBQ-Sauce nach Wahl, möglichst zuckerhaltig

ft6

TIPP

Spareribs vorbereiten

Die Rippen von Schwarzwild sind als Spareribs beliebt, da sie Fett enthalten und so saftiger bleiben und das lange Garen besser vertragen. Je größer das Tier war, desto besser eignen sich die Rippen als Spareribs. Beim Kauf der Rippen und auch bei der Kalkulation der Menge pro Person sollten Sie darauf achten, dass möglichst viel Fleisch auf den Knochen vorhanden ist. Einige Jäger schälen diese sehr sauber ab, andere lassen bewusst viel Fleisch auf den Knochen.

Waschen Sie die Rippen und entfernen Sie auf jeden Fall großzügig alle Blutergüsse. Auf der Innenseite der Rippen befindet sich eine dünne, aber sehr zähe Silberhaut, die Sie auf jeden Fall entfernen sollten. Dazu lösen Sie die Haut mit einem spitzen Messer, fassen sie mit einem Küchentuch und ziehen diese komplett ab.

SO WIRD'S GEMACHT

1. Reiben Sie die Spareribs großzügig mit Grillgewürz ein und lassen Sie dieses einige Stunden im Kühlschrank einziehen.

2. Schneiden Sie die Zwiebeln und legen Sie den Boden des Dutch Ovens mit den Ringen aus, damit die Rippen nicht festbrennen können.

3. Legen Sie die Rippen auf die Zwiebeln und gießen Sie Wasser an.

4. Mit mittlerer Hitze von oben und unten schmoren Sie die Rippen so lange, bis das Fleisch fast von den Knochen fällt. Das dauert je nach Alter des Tieres 1–2 Stunden. Kontrollieren Sie zwischendurch den Dutch Oven, ob der Topf trockenkocht und geben Sie gegebenenfalls weiteres Wasser dazu.

5. Nehmen Sie die Rippchen aus dem Dutch Oven und bepinseln Sie diese mit der BBQ-Sauce.

6. Heizen Sie einen Grill extrem heiß vor und legen Sie die Rippchen auf den Rost, um die Sauce zu karamellisieren.

Als Vorspeise können Sie die Ribs ohne Beilage als Fingerfood servieren. Für ein Hauptgericht eignen sich Cole-Slaw und Pommes als Beilagen.

Ragù alla Bolognese

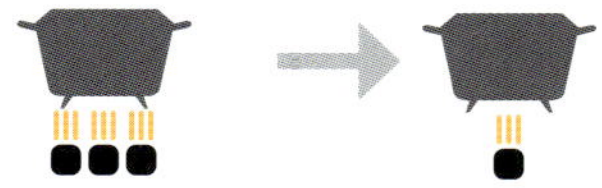

Bei diesem Gericht handelt es sich um eine Hackfleischsauce, in die keine Tomaten gehören. Am besten kochen Sie gleich große Mengen davon, damit sich die lange Garzeit auch lohnt. Die Sauce lässt sich gut einfrieren und dann in der Pfanne auftauen, erwärmen und mit frisch gekochten Nudeln wieder zusammenbringen.

ZUTATEN FÜR 4–6 PERSONEN

1 kg Wildhackfleisch
200 g Pancetta, in feine Würfel geschnitten
2 Zwiebeln, in feine Würfel geschnitten
3–4 Karotten, in feine Würfel geschnitten
5 Stangensellerie, in feine Würfel geschnitten
3 EL Tomatenmark, mit etwas Wasser verrührt
500 ml Weißwein
500 ml Milch
1–2 l Wasser
Pfeffer und Salz

Zum Servieren:
500 g Tagliatelle, am besten frisch
100 g Parmesan am Stück

SO WIRD'S GEMACHT

1. Geben Sie den Pancetta (geht auch mit Guanciale, dem Speck aus der Schweinebacke) in den kalten Dutch Oven. Heizen Sie ihn mit starker Hitze (aber langsam) auf, damit das Fett nach und nach aus dem Speck gebraten wird.

2. In dem Fett braten Sie das Gemüse an, bis es Farbe angenommen hat. Dann geben Sie das Wildhackfleisch dazu und braten es, bis es sein Wasser verloren hat. Sobald das Hackfleisch gut gebräunt ist, geben Sie das mit Wasser aufgerührte Tomatenmark dazu.

3. Löschen Sie mit dem Wein ab, lassen Sie ihn etwas einreduzieren und geben Sie die Milch dazu. Dann füllen Sie mit Wasser auf, bis das Fleisch knapp bedeckt ist. Würzen Sie lediglich mit Pfeffer und Salz.

4. Köcheln Sie den Dutch-Oven-Inhalt wenigstens 3 Stunden, wobei Sie gegebenenfalls die verkochte Flüssigkeit nachfüllen müssen. Es soll eine dickflüssige Sauce entstehen.

5. Kochen Sie die frischen Tagliatelle in Salzwasser bissfest. Erhitzen Sie 1 Kelle der Sauce in dem Deckel des Dutch Ovens und geben Sie dann eine Portion der Nudeln dazu, schwenken Sie kurz durch und geben – falls es zu trocken sein sollte – etwas Nudel-Kochwasser dazu. Geben Sie die Portion auf den Teller und raspeln Sie guten Parmesan darüber.

SUPPEN UND EINTÖPFE

Wildsuppe aus Knochen

Beim Zerwirken von Wild fällt immer eine Menge Wildbret und auch Knochen an, die nicht einfach verwertet werden können und darum meist weggeworfen werden. Dabei lässt sich daraus eine hervorragende Suppe kochen.

ZUTATEN FÜR 8 PERSONEN

Für die Grundbrühe:

reichlich Knochen, so zerkleinert, dass sie in den Dutch Oven passen
1 kg Kochwildbret (gut geeignet sind auch die Blätter und der Hals, der Dutch Oven sollte gut gefüllt sein)
1 EL Butterschmalz
1 Bund Suppengrün mit Sellerie, Lauch, Zwiebel, Petersilie und Karotten (falls vorhanden auch Petersilienwurzel oder Pastinaken), in grobe Stücke geschnitten
2 EL Tomatenmark
3 EL Mehl zum Bestäuben
500 ml Rotwein
Wasser zum Aufgießen
10 Pimentkörner
5 Wacholderbeeren
1 TL Pfefferkörner
3 Lorbeerblätter

Für die Suppe:

1 Karotte, in feine Streifen geschnitten
1 Stange Lauch, in feine Ringe geschnitten
Pfeffer und Salz zum Nachwürzen
4 grobe Bratwürste vom Wildschwein
400 g Spätzle, bissfest vorgegart
2 Becher Sahne
2 EL Johannisbeer- oder Preiselbeer-Gelee
1 Strauß Wildkräuter, gehackt, zum Servieren

ft12

SO WIRD'S GEMACHT

1. Heizen Sie den Dutch Oven mit starker Hitze von unten vor und schmelzen Sie das Butterschmalz im Topf. Geben Sie das Gemüse und das Tomatenmark, das Kochwildbret und dann die Knochen in den Dutch Oven. Bestäuben Sie alles mit Mehl. Schließen Sie den Deckel und heizen Sie mit starker Hitze auch von oben. So braten Sie das Gemüse, das Fleisch und die Knochen an, bis die ersten Knochenspitzen dunkel werden. Zwischendurch können Sie ruhig ein- oder zweimal durchrühren. Wenn die Hitze unten zu stark sein sollte, dann nehmen Sie einige Kohlen weg und legen sie mit auf den Deckel.

2. Löschen Sie mit dem Rotwein ab und lassen Sie ihn reduzieren. Dann gießen Sie Wasser an, sodass die Knochen fast bedeckt sind. Geben Sie die Gewürze dazu und köcheln Sie die Brühe 2–3 Stunden.

3. Nehmen Sie die Knochen aus dem Topf und lassen Sie diese abkühlen. Sammeln Sie das Fleisch von den Knochen, würfeln Sie es ebenso wie das Kochwildbret in mundgerechte Stücke und stellen Sie es zur Seite.

4. Gießen Sie die Brühe durch ein Sieb und drücken Sie die Gemüse leicht aus.

5. Bringen Sie die Brühe zum Kochen und geben Sie die Karotten, den Lauch und das Fleisch dazu und garen Sie die Gemüse bissfest. Schmecken Sie nun zum ersten Mal mit Salz ab.

6. Reduzieren Sie die Hitze. Für die Klöße drücken Sie das Brät aus dem Bratwurstdarm, formen kleine Klöße und geben diese in die nur simmernde Brühe – ansonsten würden die Klöße zerfallen. Wenn sie oben schwimmen, sind sie fertig.

7. Geben Sie die vorgekochten Spätzle in die Suppe, sie sollen nur noch auf Temperatur gebracht werden.

8. Zum Schluss rühren Sie die Sahne und das Johannisbeergelee unter. Schmecken Sie noch einmal mit Salz und Pfeffer ab und geben Sie auf jeden Teller etwas Suppe und garnieren Sie sie mit kleingehackten Wildkräutern.

Als Beilage schmeckt ein frisches Baguette sehr gut dazu.

Wildkraftbrühe

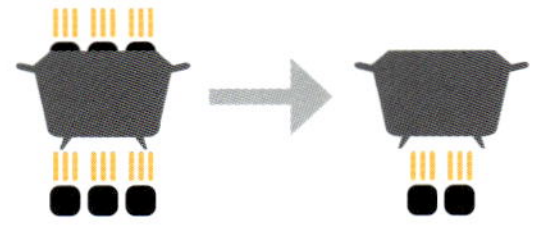

Eine starke Brühe aus Wildknochen ist eine tolle Vorspeise oder weckt an einem kalten Tag auf der Jagd die Lebensgeister. Dafür erhitzen Sie die Brühe und nehmen diese in einer Thermoskanne mit. Als Vorspeise geben Sie die Suppe in eine Suppentasse und fügen einfache Suppeneinlagen hinzu.

ZUTATEN FÜR 4–6 PERSONEN

3 kg Wildknochen mit Fleisch, dazu Abschnitte (je mehr, desto besser)
1 große Zwiebel
2 Karotten
1 Stange Porree
1 Stück Sellerie
Fett zum Braten
Wasser oder Brühe zum Ablöschen
10 Pfefferkörner
5 Pimentkörner
1 EL Tomatenmark
einige Stängel Petersilie
2 Lorbeerblätter
Likörwein (z. B. Madeira)
Worcestershiresauce
Salz
Tabasco

ft9

SO WIRD'S GEMACHT

1. Waschen Sie die Knochen und zersägen Sie die Röhrenknochen, damit das Mark auskochen kann.

2. Geben Sie die Knochen zusammen mit dem Gemüse und dem Fett in den Dutch Oven und heizen Sie von oben und unten mit starker Hitze, um die Knochen und das Gemüse anzubraten. Die Spitzen der Knochen und Fleischstücke dürfen dabei ruhig schwarz werden. Lassen Sie sich Zeit und rühren Sie den Topfinhalt ab und zu durch.

3. Löschen Sie den Bratensatz mit Wasser oder, noch besser, mit Brühe ab und lassen Sie den Dutch Oven 3 Stunden mit den Gewürzen, dem Tomatenmark, Petersilie und den Lorbeerblättern simmern. Prüfen Sie zwischendurch, ob sich noch genug Flüssigkeit im Topf befindet und gießen Sie im Zweifel Wasser nach.

4. Nach den 3 Stunden oder länger, falls Sie die Zeit haben, gießen Sie den Inhalt durch ein Sieb, fangen die Brühe auf und geben diese zurück in den Dutch Oven.

5. Schmecken Sie die Brühe mit Madeira, Worcestershiresauce und Salz ab. Das Salz kommt erst jetzt dazu, weil Sie im Vorfeld nicht wissen, wie stark die Brühe einkocht. Der Tabasco verleiht beim Abschmecken Schärfe – besonders dann, wenn die Brühe als Getränk gereicht wird.

6. Bringen Sie die Flüssigkeit noch einmal kurz vor den Siedepunkt, dann können Sie die Wildkraftbrühe ausschenken oder in Thermoskannen füllen.

Diese Brühe wird als Vorspeise mit Toastscheiben oder Welsh Rarebits gereicht. Sie können die Brühe aber auch mit Einlagen wie Gemüsejulienne, Sternnudeln, Markklöschen oder Eierstich anbieten. Am besten schmeckt sie als Trinkbrühe auf der Jagd oder bei der Wanderpause im Winter.

Fürst-Pless

Wildgeflügel-Curry mit Ananas und Kokosmilch

Für dieses fruchtige Curry ist Wildgeflügel hervorragend geeignet, aber auch helles Wildbret wie Nutria, Kaninchen oder Frischling passt sehr gut. Durch Kokosmilch, Ananas und Zitronengras schmeckt es sehr frisch und fruchtig, durch Sambal Oelek besitzt es aber auch eine angenehme Schärfe.

ZUTATEN FÜR 4–6 PERSONEN

1,5 kg Wildgeflügelteile (alternativ helles Wildbret)
Öl zum Braten
reichlich Currypulver (mind. 3 EL)
3 große Zwiebeln
2 Knoblauchzehen
2 Karotten
1 kleiner Kohlrabi
1 Aubergine
250 g Champignons
Sellerieknolle (etwa 1 Tasse)
1–2 Stangen Porree
2 Paprika
pflaumengroßes Stück frischer Ingwer
1–2 Stangen Zitronengras
1 Dose Ananas-Stückchen mit Saft
etwa 800 ml Kokosmilch
Harissa oder Sambal Oelek
Pfeffer, Salz

TIPP

Das Zitronengras dürfen Sie nicht schneiden, denn man kann es nicht essen. Schlagen Sie das Gras mit dem Messerrücken flach und machen Sie einen Knoten hinein, so können Sie es nach dem Kochen einfach herausfischen.

SO WIRD'S GEMACHT

1. Zunächst schneiden Sie alle Zutaten und stellen sie einzeln in Schalen bereit: Das Wildgeflügel schneiden Sie in kleine Stücke, das Gemüse in kleine Würfel, den Porree in Ringe. Der Trick ist, die Gemüse in Stücke von unterschiedlicher Größe zu schneiden, damit nicht alles eine unförmige Masse ergibt. Stücke von der Größe eines Streichholzkopfes: Sellerie, Ingwer, Knoblauch. Stücke in Kirschgröße: Aubergine, Kohlrabi, Champignons. Die Paprika in Stücke so groß wie ein Eurostück schneiden. Die Zwiebeln in Achtel schneiden, sodass es keine Ringe, sondern Stücke gibt. Die Karotten in ganz dünne Scheiben oder besser in Julienne schneiden.

2. Heizen Sie den Dutch Oven mit starker Hitze von unten vor. Geben Sie ½ Tasse Öl in den Topf und braten Sie darin das Fleisch in Portionen an, bis es rundum schön braun ist. Dann mit einer Schaumkelle herausnehmen und in eine Schüssel geben. Nach und nach alle Fleischteile anbraten und dann in der Schüssel mit Currypulver bestäuben.

3. Nach dem Fleisch braten Sie das Gemüse an und legen es ebenfalls in die Schüssel. Gießen Sie gegebenenfalls etwas frisches Öl in den Dutch Oven.

4. Wenn alles angebraten ist, geben Sie die Ananas und die Kokosmilch zusammen mit den angebratenen Zutaten in den Topf und rühren vorsichtig einmal um. Würzen Sie mit Harissa oder Sambal Oelek, Salz und Pfeffer. Die Flüssigkeit sollte das Gemüse knapp bedecken.

5. Jetzt sollten Sie den Dutch Oven nur noch mit mittlerer Hitze von unten und geschlossenem Deckel 2 Stunden köcheln lassen.

Ein herrliches Gericht mit einer ausgefallenen Geschmacksnote. Es wird traditionell mit Maisbrei (eine Art Polenta) aus Maismehl serviert, aber auch Reis macht sich gut dazu.

Wild-Curry mit Aprikosen

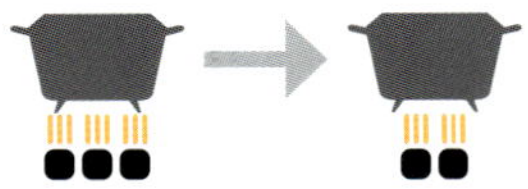

Die Engländer haben um 1900 in Indien Currys kennen und lieben gelernt. Ein gutes Curry lässt sich mit vielen verschiedenen Wildarten zubereiten und bringt ganz neue Geschmacksnoten in die Wildküche – und in die sonst eher tomatenlastige Outdoorküche erst recht.

ZUTATEN FÜR 6 PERSONEN

1,5 kg Wildfleisch, in mundgerechte Stücke geschnitten
Mehl zum Bestäuben
Fett zum Braten
1 große Zwiebel, fein gehackt
2 Knoblauchzehen, fein gehackt
1 pflaumengroßes Stück Ingwer, fein gehackt
1–2 EL Currypulver
Pfeffer und Salz
500 g Kartoffeln, in Würfel geschnitten
500 g Karotten, in Scheiben geschnitten
500 g Kohlrabi, in Würfel geschnitten
250 g getrocknete Aprikosen
1 EL Sambal Oelek
1 Zimtstange
1 Lorbeerblatt
1 Zitrone, Saft
1 l Ginger Ale oder Weiswein
Mehl zum Andicken

ft9

TIPP

Für dieses Gericht können Sie auch günstige Stücke vom Wild verwenden und die Knochen mit hineingeben.

SO WIRD'S GEMACHT

1. Bestäuben Sie das Fleisch mit Mehl und braten Sie es im Dutch Oven mit genügend Fett kräftig an. Dann nehmen Sie es heraus und stellen es warm.

2. Geben Sie die Zwiebel, die Knoblauchzehen, den Ingwer und die Gewürze in den Dutch Oven und braten Sie alles an.

3. Geben Sie das Fleisch wieder in den Dutch Oven und schichten Sie dann die Kartoffeln und die Karotten ein, darüber kommt der Kohlrabi, obendrauf die getrockneten Aprikosen, das Sambal Oelek, die Zimtstange, das Lorbeerblatt und der Zitronensaft.

4. Füllen Sie mit dem Ginger Ale beziehungsweise mit dem Weißwein auf und heizen Sie nur noch mit geringer bis mittlerer Hitze und geschlossenem Deckel.

5. Der Inhalt des Dutch Ovens darf nun nicht mehr gerührt werden und nur leicht simmern, das aber gleichmäßig. Horchen Sie regelmäßig an dem Topf, ob er noch blubbert. Auf keinen Fall darf er trockenkochen, denn dann brennt alles an.

6. Nach 2 Stunden dicken Sie die Sauce mit etwas Mehl an, das Sie in Wasser einrühren und in den Dutch Oven geben.

Als Beilage wird traditionell Basmati-Reis dazu gereicht.

Szegediner Wildgulasch

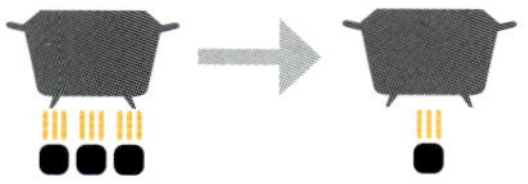

Bei Szegediner Gulasch handelt es sich um eine Gulasch-Variante mit Sauerkraut. Früher war das sicherlich im Rezept enthalten, um das Fleisch zu strecken, aber heute ist es eine besondere Spezialität. Ein Dutch Oven eignet sich sehr gut, um das bindegewebsreiche Fleisch langsam butterweich zu schmoren.

FÜR 4–6 PORTIONEN

1 kg Gulaschfleisch von Nacken, Schulter oder Haxen (hier eignen sich alle Schalenwildarten, auch eine Mischung davon)
Mehl zum Bestäuben
reichlich Schweineschmalz zum Anbraten
500 g Zwiebeln, in grobe Würfel geschnitten
4–5 Knoblauchzehen, gepresst
1 TL Thymian
2 TL Kümmelkörner (alternativ 1 TL gemahlener Kümmel)
2 EL Paprikapulver, rosenscharf
1 TL gemahlenen Pfeffer
2 TL Salz
3–4 EL Tomatenmark
500 ml Brühe
500–750 g Sauerkraut
1–2 Kartoffeln, mehligkochend, zum Binden
saure Sahne zum Servieren
Schnittlauchröllchen oder Frühlingszwiebeln zum Servieren

SO WIRD'S GEMACHT

1. Bestäuben Sie das Fleisch mit Mehl und braten Sie es in Schweineschmalz an. Dann geben Sie die Zwiebeln und die Knoblauchzehen dazu und würzen mit dem Thymian, dem Kümmel, dem Paprikapulver, dem Pfeffer und dem Salz.

2. Schieben Sie auf dem Boden des Dutch Ovens eine Stelle frei und braten Sie dort das Tomatenmark an.

3. Löschen Sie mit der Brühe ab und lassen Sie das Gulasch mit wenig Hitze von unten leicht simmern. Je nach Fleisch dauert der Garvorgang 1–2 Stunden, gegebenenfalls auch länger.

4. Wenn das Fleisch fast gar ist und sich die Sehnen bereits zu Gelatine umgewandelt haben, geben Sie das Sauerkraut und gegebenenfalls noch etwas Brühe oder Wasser in den Dutch Oven. Falls das Gericht noch zu suppig sein sollte, können Sie 1–2 mehligkochende Kartoffeln dazugeben.

5. Nach weiteren 30 Minuten sollte alles weich und die Sauce schön sämig sein.

6. Zum Servieren geben Sie auf jede Portion einen Klecks saure Sahne und ein paar Röllchen von frischem Schnittlauch oder Frühlingszwiebeln.

Als Beilage eignet sich Brot oder frisches Baguette.

Wilderertopf aus der Truhe

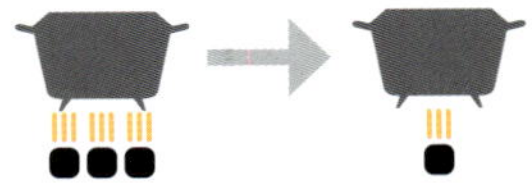

Der Sommer ist die richtige Jahreszeit, um einmal die Kühltruhe zu durchforsten und all das zu verbrauchen, was im Weg ist und weg muss. Früher wurde ein Gulasch aus verschiedenen Wildsorten „Wilderertopf" genannt, heute findet der Raubzug in der Kühltruhe statt. Je größer die Menge, und vor allem die Vielfalt des Fleisches, desto besser schmeckt das Gericht. Gehen Sie an Ihre Kühltruhe und nehmen Sie alles heraus, was bald weg muss: Egal ob Rehrücken mit Knochen, Wildente oder -gans, Hirschmedaillons, Sauenfilet oder Küchenhasen, ob Rippen oder Gulaschfleisch – alles ist geeignet. Je besser das Fleisch, desto besser schmeckt das Gericht.

ZUTATEN FÜR 6–8 PERSONEN

2 kg gemischtes Wildfleisch, auch mit Knochen, in mundgerechte Stücke geschnitten
Fett zum Braten
1 kg Gemüse (Paprika, Pilze, Wurzeln, Sellerie, Kohlrabi), grob gehackt
1 kg Zwiebeln, grob gehackt
3 EL Tomatenmark
3 EL Paprikapulver, vorzugsweise das geräucherte
1 EL Pfeffer
1 EL Piment
2 Lorbeerblätter
3 EL Majoran, getrocknet
2 EL Thymian, getrocknet
3 EL Salz, mehr dann beim Abschmecken
1 EL Zucker zum Abrunden
500 g Speck mit Schwarte oder ein Schinkenknochen
Brühe zum Angießen
1 kg festkochende Kartoffeln, in mundgerechte Stücke geschnitten
Schmand und frische Kräuter zum Servieren

ft12

SO WIRD'S GEMACHT

1. Heizen Sie zunächst den Dutch Oven von unten mit so vielen Kohlen an, wie drunter passen, um viel Hitze zum Anbraten zur Verfügung zu haben. Braten Sie das Fleisch portionsweise mit etwas Fett an und legen Sie es zur Seite.

2. Dann folgen die Gemüse und Zwiebeln. Geben Sie anschließend das Tomatenmark mit etwas Fett auf eine freie Stelle des Topfbodens und lassen Sie es leicht anrösten. Jetzt kommen die Gewürze und das angebratene Fleisch dazu. Anschließend kommen der Speck und die Brühe in den Dutch Oven, bis alles gut bedeckt ist. Beim Salz können Sie mit 16–20 Gramm pro Liter rechnen, denn das Abschätzen der Salzmenge ist bei großen Töpfen immer schwierig.

3. Lassen Sie das Fleisch langsam schmoren, bis es weich ist – das kann auch mal 2 Stunden dauern. Sammeln Sie die Knochen heraus, falls es sich anbietet.

4. Geben Sie jetzt die Kartoffeln dazu und lassen Sie den Wilderertopf noch 20–30 Minuten simmern, bis die Kartoffeln weich sind. Verwenden Sie zum Simmern nur wenige Kohlen unten.

5. Zum Servieren geben Sie den Wilderertopf in eine rustikale Schale, dazu etwas Schmand und ein paar gehackte frische Kräuter wie Petersilie, Liebstöckel oder Schnittlauchröllchen.

Da als Beilage bereits Kartoffeln im Wilderertopf enthalten sind, können Sie dazu einfach nur ein frisches Baguette und ein schön kaltes Bier servieren.

Ochsenschwanzsuppe vom Rehträger

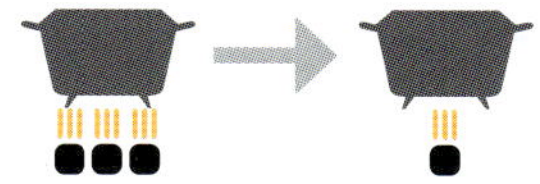

Eine klare Ochsenschwanzsuppe ist ein Klassiker der feinen Küche – dort aber in der geklärten Version. Der Dutch Oven ist geradezu prädestiniert, um aus dem zähen und bindegewebsreichen Ochsenschwanz ein herrliches Gericht zu zaubern. Sie müssen die Suppe nicht klären und das würde auch die Möglichkeiten, die man draußen hat, übersteigen. Wir verwenden hier einen Hals (Jäger nennen es Träger) vom Rehwild als Grundlage, so wird dieses eher verschmähte Stück eine wirkliche Delikatesse.

ZUTATEN FÜR 4 PERSONEN

1 Hals vom Reh, ca. 2 kg, in 3–4 Stücke geteilt
Mehl zum Bestäuben
Fett zum Anbraten
200 g Speck, in Würfel geschnitten
1 Karotte, in Würfel geschnitten
1 Petersilienwurzel, in Würfel geschnitten
½ Sellerie, in Würfel geschnitten
2 Zwiebeln, in Würfel geschnitten
2 EL Tomatenmark
1 EL Majoran, getrocknet
10 Pfefferkörner
5 Pimentkörner
2 Lorbeerblätter
1 Glas Rotwein
Wasser
Likörwein (z. B. Madeira) zum Abschmecken
Pfeffer und Salz

ft9

SO WIRD'S GEMACHT

1. Wässern Sie das Fleisch 1 Stunde in Salzwasser. Trocknen Sie es anschließen ab und wälzen Sie es rundum in Mehl. Geben Sie Fett in den heißen Dutch Oven und braten Sie den Hals von allen Seiten kräftig an. Geben Sie den Speck und im Anschluss die gewürfelten Gemüse und das Tomatenmark dazu. Braten Sie alles gut an, fügen Sie die Gewürze hinzu und löschen Sie mit dem Rotwein ab.

2. Gießen Sie mit Wasser auf, sodass die Fleischstücke alle komplett bedeckt sind. Mit wenig Hitze von unten und ohne Oberhitze lassen Sie das Gericht wenigstens 3 Stunden simmern, bis das Fleisch von den Knochen fällt und sich das Bindegewebe aufgelöst hat.

3. Nehmen Sie das Fleisch aus der Brühe und lassen Sie es abkühlen, bis Sie es anfassen können. Dann sammeln Sie das Fleisch von den Knochen, schneiden es in mundgerechte Stücke und stellen es warm.

4. Geben Sie die Brühe mit dem Gemüse durch ein Sieb und die Flüssigkeit wieder zurück in den Dutch Oven. Das Gemüse können Sie entsorgen, es hat seine Schuldigkeit getan und den Geschmack an die Suppe abgegeben.

5. Geben Sie das Fleisch zurück in die Brühe und schmecken Sie mit Madeira, Pfeffer und Salz ab.

Sie können die Suppe mit Welsh Rarebits oder Toast servieren – an einem kalten Wintermorgen am besten aus einer großen Tasse als zweites Frühstück oder nach dem ersten Treiben auf der Jagd.

Chili con Wild

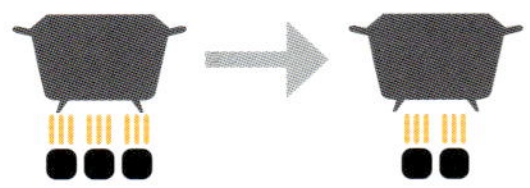

Ein schönes Chili ist ein Partyessen, wie es im Buche steht: pikant, günstig, massentauglich – und es schmeckt aufgewärmt noch besser. Bei Chili gibt es verschiedene Sichtweisen und manche meinen, dass es ohne Bohnen nicht geht, Texaner hingegen lieben es mit Fleisch in Gulaschgröße, völlig ohne Bohnen, abgeschmeckt mit Zartbitterschokolade.

ZUTATEN FÜR 4 PERSONEN

Hier gilt: Man nehme, was man hat!

500 g Hackfleisch vom Wild (Sie können es auch selbst schneiden: Größe wie eine Erbse ist gut)
Fett zum Braten
2 große Zwiebeln, in Würfel geschnitten
2 Knoblauchzehen, in feine Würfel geschnitten
2 EL Tomatenmark
je 1 rote, grüne und gelbe Paprika, in Würfel geschnitten
1 große Dose geschälte, stückige Tomaten
1 große Dose Kidneybohnen, abgetropft
1 kleine Dose Baked Beans, mit Flüssigkeit
1 kleine Dose Chili-Bohnen, mit Flüssigkeit
Gewürze nach Geschmack. Ich verwende gerne 1 TL Oregano und 1 TL Chiliflocken
Pfeffer, Salz, Zucker
1 kleine Dose Mais, abgetropft

TIPP

Ein Chili ist nie extrem scharf, damit es jeder Gast und auch Kinder genießen können. Stellen Sie für die Unverbesserlichen eine Flasche Chilisauce wie Tabasco auf den Tisch, dann kann sich jeder selbst sein Essen nachwürzen.

SO WIRD'S GEMACHT

1. Heizen Sie den Dutch Oven mit etwas Fett vor und braten Sie zunächst das Fleisch kräftig an. Kurz bevor es durch ist, nehmen Sie es heraus und stellen es warm.

2. Geben Sie die Zwiebeln und den Knoblauch in den Dutch Oven und braten Sie beides an, bis es goldgelb wird. Schieben Sie die Zwiebeln etwas zur Seite und braten Sie das Tomatenmark an. Braten Sie nun auch die Paprikaschoten an.

3. Geben Sie das Fleisch wieder zurück in den Dutch Oven und löschen Sie mit den Tomaten und den Bohnen ab. Dann kommen die Gewürze Ihrer Wahl dazu: In meinem Fall der Oregano, die Chiliflocken, Pfeffer, Salz und Zucker.

4. Nach einiger Zeit, wenn die Bohnen heiß sind, aber das Gemüse noch Biss hat, kommt der Mais dazu. Er soll nur aufgewärmt werden und dabei schön knackig bleiben. Schmecken Sie noch einmal mit Pfeffer, Salz und Zucker ab. Gerade durch die Säure der Tomaten ist der Zucker für einen ausbalancierten Geschmack wichtig.

Sie können das Chili in einer Schüssel mit Sauerrahm, Zwiebelringen, etwas Käseraspeln (würziger Cheddar) und einer eingelegten Peperoni servieren.

WEITERE EMPFEHLUNGEN FÜR SIE

176 Seiten, 160 x 260 mm, Hardcover, ISBN 978-3-95843-789-0
€ 25,–

80 Seiten, 183 x 225 mm, Softcover, ISBN 978-3-95843-178-2
€ 12,99

160 Seiten, 183 x 225 mm, Softcover, ISBN 978-3-95843-363-2
€ 16,99

200 Seiten, 210 x 260 mm, Hardcover, ISBN 978-3-86852-932-6
€ 24,99

176 Seiten, 183 x 225 mm, Softcover, ISBN 978-3-86852-361-4
€ 16,99

176 Seiten, 250 x 308 mm, Hardcover, ISBN 978-3-95843-365-6
€ 29,95

160 Seiten, 210 x 260 mm, Hardcover, ISBN 978-3-95843-488-2
€ 19,99

128 Seiten, 185 x 225 mm, Softcover, ISBN 978-3-96664-182-1
€ 9,99

80 Seiten, 185 x 225 mm, Softcover, ISBN 978-3-95843-867-5
€ 9,99

160 Seiten, 210 x 260 mm, Hardcover, ISBN 978-3-95843-635-0
€ 19,99

240 Seiten, 210 x 260 mm, Hardcover, ISBN 978-3-86852-954-8
€ 24,99

128 Seiten, 185 x 225 mm, Softcover, ISBN 978-3-96664-187-6
€ 9,99

Unser komplettes Programm erhalten Sie in jeder Buchhandlung und unter www.heel-verlag.de